Karl-Hans Seyler

D1724066

Die neue Rechtschreibprüfung 2016

Richtig schreiben
Sprache untersuchen

9. Jahrgangsstufe

Copyright: pb-verlag - 81243 München - 2021

ISBN 978-3-89291-**154**-**8**

Vorbemerkungen

Im Schuljahr 2015/2016 werden in der Mittelschule im Fach Deutsch keine Diktate mehr geschrieben. Dieses Prüfungsformat ist nach einem Schreiben des Kultusministeriums vom 7. Juli 2015 nicht mehr zeitgemäß. Es wird erstmals in den Prüfungen im Juni 2016 ein neuer Teil A „Rechtschreiben/ Sprachbetrachtung" eingeführt.

Im vorliegende Band haben Sie als Lehrkraft die Möglichkeit, in den Bereichen **Richtig schreiben** und **Sprache untersuchen** Ihre Schüler gezielt und fundiert auf die Abschlussprüfung in der 9. Jahrgangsstufe vorzubereiten. Sie können das leicht und ohne viel Aufwand mit den in diesem Band angebotenen elf prüfungsrelevanten Aufgaben, die aus je zwei Seiten bestehen, tun.

Das angebotene Bildmaterial dient zur Erhellung der Sachverhalte.

Neuer Teil A: Rechtschreiben/Sprachbetrachtung (30 Minuten)

Die bisherigen Aufgabenformate (Rechtschreibstrategien wie z. B. Dehnungen, Schärfungen, Mitlautverdopplungen u. a. und einer Überprüfung des rechtschriftlichen Wissens im Hinblick auf Fehlerwörter und Zeichensetzung) werden um Satzbauaufgaben, Konjunktionen, Synonyme und Antonyme, Wortarten, Satzglieder, die korrekte Umsetzung vom Aktiv ins Passiv (und umgekehrt) und von der direkte in die indirekte Rede (und umgekehrt) u. v. m. erweitert.

Bei der Korrektur wird von der maximal zu vergebenden Punktzahl (16 Punkte) pro Fehler ein Punkt bzw. ein halber Punkt abgezogen. Die verbleibenden Punkte werden zu den erreichten Punkten aus dem schriftsprachlichen Bereich (maximal 32 Punkte) addiert. Daraus errechnet sich dann die Gesamtprüfungsnote im Deutschen.

Benotung:

Der Schlüssel unten kann als Bewertungsgrundlage herangezogen werden, wenn es nur um die Benotung der Rechtschreibleistung geht.

Note 1: 16,0 – 14,5 Punkte
Note 2: 14,0 – 12,0 Punkte
Note 3: 11,5 – 9,0 Punkte
Note 4: 8,5 – 6,0 Punkte
Note 5: 5,5 – 3,0 Punkte
Note 6: 2,5 – 0 Punkte

Texte nach:
Planet Wissen/Spiegel Online/Zeit Online/Wikipedia/Süddeutsche Zeitung Online/KMS Bayern

Grundbegriffe der Grammatik (Überblick)

Lateinisch	Deutsch	Beispiele
Adjektiv, das	Eigenschaftswort	**schön**, **gut**, das **schnelle** Auto
Adverb, das	Umstandswort	
	• der Art und Weise	Sie läuft **schnell**. (Wie?)
	• des Grundes	... und **deshalb** kam er nicht. (Warum?)
	• des Ortes	Er geht nach **oben**. (Wo? Wohin?)
	• der Zeit	Er kommt **morgen**. (Wann?)
Akkusativ, der	Wenfall, 4. Fall	Der Schüler fragt **den Lehrer**.
Apostroph, das	Auslassungszeichen	Ist's gut so? Schiller'schen Gedichte
Apposition, die	Beisatz	Klaus, **mein bester Freund**, kommt noch heute.
Artikel, der	Geschlechtswort / Begleiter	der, die, das - ein, eine, ein
Attribut, das	Beifügung	der **siebte** Tag, ein **anhaltend** langer Beifall
Dativ, der	Wemfall, 3. Fall	Der Schüler schreibt **seinem Freund**.
direkte Rede, die	wörtliche Rede	Er fragte: „Gehst du mit?"
Femininum, das	weibliches Namenwort	**die** Frau, **die** Maus, **die** Freude, **eine** Uhr
Futur, das	Zukunft	Ich **werde** heute zum Sport **gehen**.
Genitiv, der	Wessenfall, 2. Fall	das Auto **meines Vaters**
Präteritum, das	1. Vergangenheit	Ich **lachte** und **ging** schnell nach Hause.
indirekte Rede, die	nichtwörtliche Rede	Ich sagte ihm, dass ich **kommen würde (käme)**.
Infinitiv, der	Grundform des Verbs	lachen, gehen, singen
Interpunktion, die	Zeichensetzung	Ich weiß**,** dass du gehst**.** Wohin**?** Nein**!**
Grammatik, die	Sprachbetrachtung/-lehre	Lehre von Wörtern und Sätzen
Kasus, der	Fall	Nominativ, Genitiv, Dativ, Akkusativ
Komparativ, der	Höherstufe beim Adjektiv	schneller als, besser als
Konjugation, die	Beugung des Verbs	ich gehe, du gehst, wir gehen
Konjunktion, die	Bindewort	und, oder, als, weil, dass
Konsonant, der	Mitlaut	b, f, k, r, sch, w
Maskulinum, das	männliches Namenwort	**der** Mann, **der** Freund, **ein** Tisch
Nomen, das	Namenwort, Hauptwort	Wald, Sonne, Tier
Neutrum, das	sächliches Namenwort	**das** Kind, **das** Auto, **ein** Fahrrad
Nominativ, der	Werfall, 1. Fall	**Der Schüler** schreibt eine Probearbeit.
Numerale, das	Zahlwort	zwei, fünf, zwanzig; einige, manche, viele
Objekt, das	Satzergänzung	Ich lese **das Buch**. Das Buch gehört **mir**.
Partizip, das	Mittelwort	
Partizip Präsens	Mittelwort der Gegenwart	spielend, strahlend, lachend
Partizip Perfekt	Mittelwort der Vergangenheit	gelernt, gegeben, erlaubt, versteckt
Perfekt, das	2. Vergangenheit	Ich **habe gelacht**, er **ist gegangen**.
Plural, der	Mehrzahl	die Häuser, wir springen
Prädikat, das	Satzaussage	Der Vogel **fliegt**.
Präposition, die	Verhältniswort	an, auf, hinter, über, unter, vor
Präsens, das	Gegenwart	ich **lache**, du **erzählst**, wir **singen**
Pronomen, das	Fürwort	**Ich** gebe **dir mein** Buch.
Relativpronomen, das	rückbezügliches Fürwort	der Mann, **der (welcher)** ..., das Kind, **das (welches)** ...
Singular, der	Einzahl	das Haus, er springt
Subjekt, das	Satzgegenstand	**Er** schwimmt im See. **Das Feuer** brennt hell.
Substantiv, das	Namenwort, Hauptwort	Vater, Katze, Frieden, Stärke
Superlativ, der	Höchststufe beim Adjektiv	am schnellsten, am besten, am sichersten
Verb, das	Zeitwort	lachen, gehen, singen
Vokal, der	Selbstlaut	a, e, i, o, u; ä, ö, ü (Umlaute); au, äu, ai, ei, eu (Doppellaute)

Wichtige Rechtschreibstrategien

hoffen, aktuell, kennen, Mutter, Adresse	Ich **verdopple** nach **kurz**gesprochenem Vokal den **Mitlaut**. Ist nach einem kurzen Vokal nur ein Mitlaut hörbar, dann wird dieser verdoppelt.
kommt, sollst, wisst, gewinnt, hoffst, sperrst	Ich bilde die **Grundform** und trenne das Wort. In der Grundform kann ich beim silbenweisen Sprechen den doppelten Mitlaut hören, z. B. kom-men.
Blick, trocken, packen, Katze, setzen, Blitz	Ich schreibe nach **kurz**gesprochenem Vokal **ck** oder **tz**, wenn nur ein hörbarer k- oder z-Laut folgt. Verdopplung **ck** (statt kk) und **tz** (statt zz).
Brief, liegen, niemand, Energie, Turnier, probieren	Ich schreibe das langgesprochene i mit **ie**. Das langgesprochene i wird meist mit ie geschrieben. Das gilt auch für die Wortendungen **-ie, -ier, -ieren**.
Kind, gelb, Tag, früh	Ich **verlängere** das Wort. Bei einer Verlängerung und silbenweisem Mitsprechen kann ich die Mitlaute **b**, **d**, **g** und **h** am Wortende besser hören.
lebt, sagst, gelobt, liegt, geht, gedroht, ziehst	Ich bilde die **Grundform** und trenne das Wort. In der Grundform kann ich beim silbenweisen Mitsprechen das **b**, **g** oder **h** besser hören, z. B. lebst -> le-ben.
Handtuch, Wegkreuz, Gesundheit, leblos	Ich trenne das Wort oder trenne die Nachsilbe ab, um **verlängern** zu können, z. B. Hand|tuch -> Hän-de, Gesund|heit -> ge-sün-der.
Rätsel, kräftig, Bräune, häufig	Ich suche ein **verwandtes Wort** mit **a** oder **au**. Nur wenn es ein verwandtes Wort mit a oder au gibt, wird **ä** oder **äu** geschrieben. Wenn nicht: **e** oder **eu**.
Heizung, heizbar, Krankheit, Zeitung, ruhig, langsam	Ich beachte die **Nachsilbe**. Bei den Nachsilben -heit, -keit, -nis, -schaft, -ung ➪ **Großschreibung** Bei den Nachsilben -ig, -lich, -isch, -bar, -haft, -los, -sam ➪ **Kleinschreibung** Bei Fremdwörtern: -age, -anz, -eur, -ie, -tion, -tät ➪ **Großschreibung** -ell/-iell, -ieren, -isch, -iv ➪ **Kleinschreibung**
das/beim/sein Spielen das Neue, ein Lachen lautes Lachen am/beim/zum Arbeiten sein Bestes, unser Handeln etwas Gutes, nichts Böses Baden, Zelten verboten	Ich beachte das **Signalwort**, das ein folgendes Wort zum **Nomen** macht. Es gibt verschiedene Arten von Signalwörtern. Das Signalwort ist ein **Artikel**: **das** Besondere, **da**s Für und Wider. Das Signalwort ist ein **Adjektiv**: **kurzes** Überlegen, ein **schnelles** Rennen. Das Signalwort ist eine **Präposition** (oft mit verstecktem Artikel: beim = bei dem). Das Signalwort ist ein **Pronomen**: **ihr** Kommen und **sein** Gehen. Das Signalwort ist ein **unbestimmtes Zahlwort**: **wenig** Neues, **alles** Gute. Das Signalwort ist ein **dazugedachter Artikel**: (Das) Baden und (das) Zelten.
verlassen, Vorfahrt, entfernen, missachten, Export	Ich beachte die Vorsilbe und schreibe immer **ver-** oder **vor-** mit **v**, **ent-** mit **t**, **miss-** mit **ss**, **ex-** mit **x** und **prä-** mit **ä**.
Süßstoff, glasklar, tagsüber, Bilderbuch, konfliktfrei; Realschule	Ich beachte bei einem zusammengesetzten Wort das **Grundwort**, nach dem sich die Schreibweise richtet. Nur wenn das Grundwort ein Nomen ist, wird es großgeschrieben, sonst immer klein, z. B. Wortbaustein, nagelneu.
aussehen, enttäuschen, Motorrad, Leseecke, Schifffahrt, Teeernte	Ich beachte die **Nahtstelle**. Bei abgeleiteten oder zusammengesetzten Wörtern können zwei oder sogar drei gleiche Laute aufeinandertreffen, z. B. erraten, auffordern, vielleicht, Satzzeichen, Betttuch, Seeelefant.
Arbeitszeit, konditionsstark, tagelang, sonnenklar	Ich beachte den **Fugenbaustein** (meist ein „-s"). Die Fugenbausteine **-s-, -e-, -en-, -es-, -n-** verweisen auf **Zusammenschreibung**.
Ende ≠ Ente lehren ≠ leeren	Bei gleichklingenden Wörtern frage ich nach der **Bedeutung**. Unterschiedliche Bedeutung: im Unterricht lehren - den Papierkorb leeren

DRS	Name: _____	Datum: _____

Richtig schreiben – Sprache untersuchen
Test 1 (Blatt 1)

1. Wofür stehen die folgenden drei Abkürzungen? (1,5 P.)

Abkürzung: Bedeutung:

ca.   _____

EU   _____

bzw.   _____

2. Welche Zeitangaben sind richtig geschrieben? Streiche das Falsche durch. (2 P.)

Ein Freitagabend/Freitag Abend wird für mich gerade zu einem sehr bedeutenden Tag, an dem ich meine Karriere als Freizeitkicker fortsetze. Hier treffen sich die brasilianischen Freizeitfußballer immer Abends/abends und geben sich ihrer Leidenschaft, dem Fußball, hin. Auch ich darf mitspielen. In meiner Kindheit beschränkten sich meine Einsätze darauf, Wöchentlich/wöchentlich als Ersatztorwart auf der Auswechselbank zu sitzen. „Ich habe lange nicht gespielt", entschuldige ich mich. „Du hast Jahre lang/jahrelang nicht gespielt", antwortet mir mein brasilianischer Mitspieler.

3. Erweitere den folgenden Hauptsatz um ein Attribut und um einen Attributsatz. (1,5 P.)
Die Uhr besaß keinen Zeiger.

_____

_____

4. Stelle jeweils drei Buchstaben voran, sodass immer sinnvolle Fremdwörter entstehen. (1,5 P.)

Beispiel: Pro   -jekt, -nomen

          _____   -pass, -plize

          _____   -jekt, -stantiv

          _____   -tanz, -kussion

5. Setze die eingerahmten Wörter rechtschriftlich korrekt in den Text ein. (1,5 P.)

fosillen	~~Unkontrolierten~~	Erneuerbar	Riesigen

Nachwachsende Rohstoffe bergen keine ___*unkontrollierten*___ _____ wie die

Atomenergie. Sie gehen auch nicht wie die _____ Energieträger Steinkohle, Erdgas

oder Erdöl irgendwann zur Neige, sondern sind ständig _____.

DRS	Lösung	

Richtig schreiben – Sprache untersuchen
Test 1 (Blatt 1)

1. Wofür stehen die folgenden drei Abkürzungen? (1,5 P.)

Abkürzung:	Bedeutung:
ca.	*zirka, ungefähr*
EU	*Europäische Union*
bzw.	*beziehungsweise*

2. Welche Zeitangaben sind richtig geschrieben? Streiche das Falsche durch. (2 P.)

Ein Freitagabend/~~Freitag Abend~~ wird für mich gerade zu einem sehr bedeutenden Tag, an dem ich meine Karriere als Freizeitkicker fortsetze. Hier treffen sich die brasilianischen Freizeitfußballer immer ~~Abends~~/abends und geben sich ihrer Leidenschaft, dem Fußball, hin. Auch ich darf mitspielen. In meiner Kindheit beschränkten sich meine Einsätze darauf, ~~Wöchentlich~~/wöchentlich als Ersatztorwart auf der Auswechselbank zu sitzen. „Ich habe lange nicht gespielt", entschuldige ich mich. „Du hast ~~Jahre lang~~/jahrelang nicht gespielt", antwortet mir mein brasilianischer Mitspieler.

3. Erweitere den folgenden Hauptsatz um ein Attribut und um einen Attributsatz. (1,5 P.)
Die Uhr besaß keinen Zeiger. (Je zwei Lösungsvorschläge sind im Satz unten angegeben.)
Die alte Uhr, die ein Erbstück meines Großvaters war, besaß keinen goldenen Zeiger, mit welchem ich die Uhrzeit hätte ablesen können.

4. Stelle jeweils drei Buchstaben voran, sodass immer sinnvolle Fremdwörter entstehen. (1,5 P.)

Beispiel: Pro   -jekt, -nomen

Kom   -pass, -plize

Sub   -jekt, -stantiv

Dis   -tanz, -kussion

5. Setze die eingerahmten Wörter rechtschriftlich korrekt in den Text ein. (1,5 P.)

fosillen	~~Unkontrolierten~~	Erneuerbar	Riesigen

Nachwachsende Rohstoffe bergen keine *unkontrollierten* *Risiken* wie die Atomenergie. Sie gehen auch nicht wie die *fossilen* Energieträger Steinkohle, Erdgas oder Erdöl irgendwann zur Neige, sondern sind ständig *erneuerbar*.

| DRS | Name: _____ | Datum: _____ |

Richtig schreiben – Sprache untersuchen
Test 1 (Blatt 2)

6. Kreuze jeweils die Rechtschreibstrategie an, mit der man das Wort an der markierten Stelle richtig schreiben kann. (1,5 P.)

a. beschr**ä**nken
- ☐ Ich suche ein verwandetes Wort.
- ☐ Ich beachte die Vorsilbe.
- ☐ Ich überprüfe die Wortart.

b. Syn**th**ese
- ☐ Ich suche ein verwandtes Wort.
- ☐ Ich muss mir das Wort merken.
- ☐ Ich trenne das Wort.

c. Ro**h**stoff
- ☐ Ich beachte das Grundwort.
- ☐ Ich trenne das Wort, um verlängern zu können.
- ☐ Ich suche die Grundform.

7. Der folgende Text enthält fünf Fehlerwörter. Streiche diese durch und schreibe das Wort jeweils richtig darüber. (2,5 P.)

Die Rapspflanze hat sich ab dem Jahrtausend Wechsel zu einem wichtigen Bioenergieträger entwickelt. Der grösste Anteil von Raps endfällt auf den Bereich Biokraftstoffe. Diese sind Rapsölkraftstoff in Reinform und Biodießel. Aber auch als Heizstoff wird Rapsöl für Blokheizkraftwerke und modifizierte Ölheizungen verwendet.

8. Setze im Text unten die vier fehlenden Zeichen ein. (2 P.)

Kritiker halten den positiven Effekten des Bioenergieträgers Raps entgegen den hohen Flächenbedarf den Energie und Rohstoffverbrauch durch die Düngemittelanwendung den Energieverbrauch bei der Verarbeitung des Rapsöls zu Biodiesel und schließlich den hohen Wasserbedarf der Rapspflanze beim Aufwuchs.

9. Trenne folgende Wörter. (1 P.)

- Biologielehrer _____
- Pestizide _____

10. Steigere die Adjektive und setze richtig ein. (1 P.)

- arg _____ _____
- treffend _____ _____

Gesamtpunktzahl: 16 Punkte

DRS | Lösung

Richtig schreiben – Sprache untersuchen
Test 1 (Blatt 2)

6. Kreuze jeweils die Rechtschreibstrategie an, mit der man das Wort an der markierten Stelle richtig schreiben kann. (1,5 P.)

a. beschr**ä**nken   ☒ Ich suche ein verwandetes Wort.
                  ☐ Ich beachte die Vorsilbe.
                  ☐ Ich überprüfe die Wortart.

b. Syn**th**ese   ☐ Ich suche ein verwandtes Wort.
                  ☒ Ich muss mir das Wort merken.
                  ☐ Ich trenne das Wort.

c. Ro**h**stoff   ☐ Ich beachte das Grundwort.
                  ☒ Ich trenne das Wort, um verlängern zu können.
                  ☐ Ich suche die Grundform.

7. Der folgende Text enthält fünf Fehlerwörter. Streiche diese durch und schreibe das Wort jeweils richtig darüber. (2,5 P.)

Die Rapspflanze hat sich ab dem ~~Jahrtausend Wechsel~~ (*Jahrtausendwechsel*) zu einem wichtigen Bioenergieträger entwickelt. Der ~~grösste~~ (*größte*) Anteil von Raps ~~endfällt~~ (*entfällt*) auf den Bereich Biokraftstoffe. Diese sind Rapsölkraftstoff in Reinform und ~~Biodießel~~ (*Biodiesel*). Aber auch als Heizstoff wird Rapsöl für ~~Blokheizkraftwerke~~ (*Blockheizkraftwerke*) und modifizierte Ölheizungen verwendet.

8. Setze im Text unten die vier fehlenden Zeichen ein. (2 P.)

Kritiker halten den positiven Effekten des Bioenergieträgers Raps entgegen**:** den hohen Flächenbedarf**,** den Energie- und Rohstoffverbrauch durch die Düngemittelanwendung**,** den Energieverbrauch bei der Verarbeitung des Rapsöls zu Biodiesel und schließlich den hohen Wasserbedarf der Rapspflanze beim Aufwuchs.

9. Trenne folgende Wörter. (1 P.)

• Biologielehrer   *Bio - lo - gie - leh - rer*

• Pestizide   *Pes - ti - zi - de*

10. Steigere die Adjektive und setze richtig ein. (1 P.)

• arg   *ärger*   *am ärgsten*

• treffend   *treffender*   *am treffendsten*

Gesamtpunktzahl: 16 Punkte

| DRS | Name: _____ | Datum: _____ |

Richtig schreiben – Sprache untersuchen
Test 2 (Blatt 1)

1. Mit welcher Rechtschreibstrategie kannst du das Wort an der markierten Stelle richtig schreiben? Schreibe die entsprechende Strategie auf die Leerzeilen. (1,5 P.)

a. **E**ndlagerung   _____

_____

b. entste**ht**   _____

_____

c. Arbeit**ss**icherheit   _____

_____

2. Der folgende Text enthält vier Fehlerwörter. Streiche diese durch und schreibe sie richtig darunter. (2 P.)

Die ziviele oder friedliche Nutzung der Kernenergie im Gegensatz zur militärischen begann in den 1950er-Jahren: 1951 in den Vereinigten Statten und 1954 in der UdSSR. Seit dem hat die Produktion zunächst langsam, dann aber ab Beginn der 1970er-Jahre infolge des Anstieg der Erdölpreise stark zugenommen.

_____

_____

_____

_____

3. Setze im Text unten die fehlenden Satzzeichen ein. Jedes falsch gesetzte Satzzeichen ergibt einen halben Punkt Abzug. (1,5 P.)

Der Einsatz der Kernenergie wirft zahlreiche Probleme auf von denen viele noch ungelöst sind Lagerung Transport und Aufarbeitung des radioaktiven Abfalls Gefahren für die Umwelt und Vorkehrungen zum Schutz der Bevölkerung.

4. Finde die passende deutsche Bedeutung zum Fremdwort. Streiche Falsches durch. (2 P.)

Fragment	Bruchstück	Gesellschaftsanzug	Zerbrechlichkeit	Zusammenschluss
Konkurrenz	Einigkeit	Zahlungsunfähigkeit	Wettbewerb	Verbindungsstück
kondolieren	beleidigen	Beileid aussprechen	zusammenstoßen	Gondel fahren
linear	geradeaus	geradeso	geradlinig	geradewegs

© pb-Verlag München • Neue Rechtschreibprüfung 2016 Richtig schreiben/Sprache untersuchen 9. Jahrgangsstufe

Richtig schreiben – Sprache untersuchen
Test 2 (Blatt 1)

1. Mit welcher Rechtschreibstrategie kannst du das Wort an der markierten Stelle richtig schreiben? Schreibe die entsprechende Strategie auf die Leerzeilen. (1,5 P.)

a. **E**ndlagerung *Ich beachte die Nachsilbe „-ung" → Großschreibung.*

b. entste**h**t *Ich bilde die Grundform und spreche silbenweise mit → ent - ste - hen → das „h" wird hörbar.*

c. Arbeit**ss**icherheit *Ich trenne das Wort. Dadurch wird das Fugen-s hörbar.*

2. Der folgende Text enthält vier Fehlerwörter. Streiche diese durch und schreibe sie richtig darunter. (2 P.)

Die ~~ziviele~~ oder friedliche Nutzung der Kernenergie im Gegensatz zur militärischen begann in den 1950er-Jahren: 1951 in den Vereinigten ~~Statten~~ und 1954 in der UdSSR. ~~Seit dem~~ hat die Produktion zunächst langsam, dann aber ab Beginn der 1970er-Jahre infolge des ~~Anstieg~~ der Erdölpreise stark zugenommen.

zivile

Staaten

Seitdem

Anstiegs

3. Setze im Text unten die fehlenden Satzzeichen ein. Jedes falsch gesetzte Satzzeichen ergibt einen halben Punkt Abzug. (1,5 P.)

Der Einsatz der Kernenergie wirft zahlreiche Probleme auf, von denen viele noch ungelöst sind: Lagerung, Transport und Aufarbeitung des radioaktiven Abfalls, Gefahren für die Umwelt und Vorkehrungen zum Schutz der Bevölkerung.

4. Finde die passende deutsche Bedeutung zum Fremdwort. Streiche Falsches durch. (2 P.)

Fragment:	Bruchstück	~~Gesellschaftsanzug~~	~~Zerbrechlichkeit~~	~~Zusammenschluss~~
Konkurrenz:	~~Einigkeit~~	~~Zahlungsunfähigkeit~~	Wettbewerb	~~Verbindungsstück~~
kondolieren:	~~beleidigen~~	Beileid aussprechen	~~zusammenstoßen~~	~~Gondel fahren~~
linear:	~~geradeaus~~	~~geradeso~~	geradlinig	~~geradewegs~~

| DRS | Name: _____ | Datum: _____ |

Richtig schreiben – Sprache untersuchen
Test 2 (Blatt 2)

5. Wofür stehen folgende Abkürzungen? (1,5 P.)

Abkürzung: Bedeutung:

ct   _____

o. Ä.   _____

bzw.   _____

6. Welche Zeitangaben sind richtig geschrieben. Streiche die falschen Angaben durch. (2 P.)

Den Vorteilen der Kernenergie steht zur Zeit / zurzeit ein hohes Risiko gegenüber. Kernkraftwerke aber, so wurde jahrelang / Jahre lang beteuert, seien absolut sicher. Dieses Vertrauen wurde am 26. April 1986 gegen 1.30 Uhr nachts / Nachts fundamental erschüttert. Rund 600 000 Menschen wurden bei einem Reaktorunfall in Tschernobyl in der heutigen Ukraine starken radioaktiven Strahlungen ausgesetzt. Ein weiteres Gefahrenpotential stellt der anfallende atomare Müll dar, für den bis Heute / heute weltweit kein geeignetes Endlager gefunden wurde.

7. Setze die Sätze unten in das Aktiv (Tatform) bzw. in das Passiv (Leideform). (2 P.)

Aktiv: Kernkraftwerke gefährden die Sicherheit der Menschen immer noch.

Wie lautet der Satz im Passiv?

_____

_____

Passiv: Im schlimmsten Fall werden durch einen Super-GAU weite Teile des Landes verwüstet.

Wie lautet der Satz im Aktiv?

_____

_____

8. Erweitere den Satz unten durch ein Attribut und einen Attributsatz. (1,5 P.)

Eine Gefahr droht immer wieder.

_____

_____

9. Welche Wörter mit ähnlicher Bedeutung passen zusammen? Verbinde richtig. (2 P.)

vorübergehend	•		•	karg
demütig	•		•	leck
spärlich	•		•	zeitweilig
undicht	•		•	bescheiden

Gesamtpunktzahl: 16 Punkte

© pb-Verlag München • Neue Rechtschreibprüfung 2016 Richtig schreiben/Sprache untersuchen 9. Jahrgangsstufe

Richtig schreiben – Sprache untersuchen
Test 2 (Blatt 2)

5. Wofür stehen folgende Abkürzungen? (1,5 P.)

Abkürzung: Bedeutung:

ct   *Cent*

o. Ä.   *oder Ähnliches*

bzw.   *beziehungsweise*

6. Welche Zeitangaben sind richtig geschrieben. Streiche die falschen Angaben durch. (2 P.)

Den Vorteilen der Kernenergie steht ~~zur Zeit~~/zurzeit ein hohes Risiko gegenüber. Kernkraftwerke aber, so wurde jahrelang/~~Jahre lang~~ beteuert, seien absolut sicher. Dieses Vertrauen wurde am 26. April 1986 gegen 1.30 Uhr nachts/~~Nachts~~ fundamental erschüttert. Rund 600 000 Menschen wurden bei einem Reaktorunfall in Tschernobyl in der heutigen Ukraine starken radioaktiven Strahlungen ausgesetzt. Ein weiteres Gefahrenpotential stellt der anfallende atomare Müll dar, für den bis ~~Heute~~/ heute weltweit kein geeignetes Endlager gefunden wurde.

7. Setze die Sätze unten in das Aktiv (Tatform) bzw. in das Passiv (Leideform). (2 P.)

Aktiv: Kernkraftwerke gefährden die Sicherheit der Menschen immer noch.

Wie lautet der Satz im Passiv?

Die Sicherheit der Menschen wird durch Kernkraftwerke immer noch gefährdet.

Passiv: Im schlimmsten Fall werden durch einen Super-GAU weite Teile des Landes verwüstet.

Wie lautet der Satz im Aktiv?

Im schlimmsten Fall verwüstet ein Super-GAU weite Teile des Landes.

8. Erweitere den Satz unten durch ein Attribut und einen Attributsatz. (1,5 P.)

Eine Gefahr droht immer wieder.

Eine schlimme/tödliche Gefahr droht immer wieder, dass/wenn hohe radioaktive Strahlung bei Kernkraftwerksunfällen austritt.

9. Welche Wörter mit ähnlicher Bedeutung passen zusammen? Verbinde richtig. (2 P.)

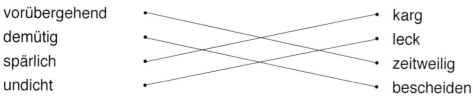

vorübergehend   karg

demütig   leck

spärlich   zeitweilig

undicht   bescheiden

Gesamtpunktzahl: 16 Punkte

DRS | Name: _____ | Datum: _____

Richtig schreiben – Sprache untersuchen
Test 3 (Blatt 1)

1. Finde die Bedeutung der unterstrichenen Fremdwörter heraus. (3 P.)

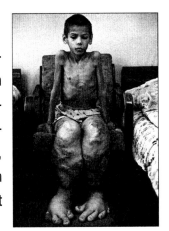

Auch heute ist die 30-Kilometer-Sperrzone um das Kernkraftwerk in Tschernobyl noch immer nicht bewohnbar. Seit 1992 wurde in über 5000 Fällen
Schilddrüsenkrebs bei Kindern und Erwachsenen in Weißrussland, Russland und der Ukraine <u>diagnostiziert</u>. Am stärksten in Mitleidenschaft gezogen waren Kinder unter 14 Jahren. Hautwunden, Atemwegserkrankungen,
Unfruchtbarkeit und <u>genetisch</u> bedingte Defekte bei Säuglingen waren in
den Folgejahren des Unfalls von Tschernobyl die Norm. Kinder kamen mit
verwachsenen, fehlenden oder <u>deformierten</u> Gliedmaßen zur Welt.

_____

_____

_____

_____

2. Erkläre die vier Redensarten. (2 P.)

• sich kein Blatt vor den Mund nehmen   _____

• aus der Haut fahren   _____

• sich etwas hinter die Ohren schreiben   _____

• ins Gras beißen   _____

3. Kreuze den Satz an, der rechtschriftlich korrekt geschrieben ist. (1 P.)

☐ Die schlimmste Nuklearkatastrofe der Erde ereignete sich am 26. April 1986.

☐ Bei einem Test im Kernkraftwerk von Tschernobyl explodierte der Kernreaktor in Block IV, was
   zu einer Kernschmelze führte.

☐ Wieviele Menschen bei dem Zusammenbruch des Reaktorkerns starben, ist ungewiss.

4. Ergänze die Tabelle unten. (2 P.)

Nomen	Verb	Adjektiv
Information	informieren	_____
_____	kooperieren	kooperativ
Funktion	_____	funktionell
Realität	realisieren	_____

DRS	Lösung	

Richtig schreiben – Sprache untersuchen
Test 3 (Blatt 1)

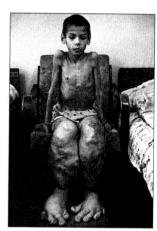

1. Finde die Bedeutung der unterstrichenen Fremdwörter heraus. (3 P.)

Auch heute ist die 30-Kilometer-Sperrzone um das Kernkraftwerk in Tschernobyl noch immer nicht bewohnbar. Seit 1992 wurde in über 5000 Fällen Schilddrüsenkrebs bei Kindern und Erwachsenen in Weißrussland, Russland und der Ukraine <u>diagnostiziert</u>. Am stärksten in Mitleidenschaft gezogen waren Kinder unter 14 Jahren. Hautwunden, Atemwegserkrankungen, Unfruchtbarkeit und <u>genetisch</u> bedingte Defekte bei Säuglingen waren in den Folgejahren des Unfalls von Tschernobyl die Norm. Kinder kamen mit verwachsenen, fehlenden oder <u>deformierten</u> Gliedmaßen zur Welt.

diagnostizieren = einen Krankheitsbefund durch Untersuchung des Patienten ermitteln und benennen; bestimmen, feststellen

genetisch = erblich

deformiert = unförmig, verformt, missgebildet, verkrümmt

2. Erkläre die vier Redensarten. (2 P.)

- sich kein Blatt vor den Mund nehmen *alles offen und schonungslos ansprechen*

- aus der Haut fahren *wütend, ärgerlich, zornig werden*

- sich etwas hinter die Ohren schreiben *sich gut merken und nie mehr vergessen*

- ins Gras beißen *sterben*

3. Kreuze den Satz an, der rechtschriftlich korrekt geschrieben ist. (1 P.)

☐ Die schlimmste ~~Nuklearkatastrofe~~ der Erde ereignete sich am 26. April 1986.

☒ Bei einem Test im Kernkraftwerk von Tschernobyl explodierte der Kernreaktor in Block IV, was zu einer Kernschmelze führte.

☐ ~~Wieviele~~ Menschen bei dem Zusammenbruch des Reaktorkerns starben, ist ungewiss.

4. Ergänze die Tabelle unten. (2 P.)

Nomen	Verb	Adjektiv
Information	informieren	*informativ*
Kooperation	kooperieren	kooperativ
Funktion	*funktionieren*	funktionell
Realität	realisieren	*realistisch*

DRS | Name: _____ | Datum: _____

Richtig schreiben – Sprache untersuchen
Test 3 (Blatt 2)

5. Kreuze jeweils die Rechtschreibstrategie an, mit der man das Wort an der markierten Stelle richtig schreiben kann. (1,5 P.)

a. das **S**chlimmste
- ☐ Ich steigere das Wort.
- ☐ Ich beachte das Signalwort.
- ☐ Ich suche die Grundform.

b. Sicherheitss**y**stem
- ☐ Ich beachte das Grundwort.
- ☐ Das Grundwort ist ein Merkwort.
- ☐ Ich trenne das Wort.

c. Betrieb**s**vorschrift
- ☐ Ich beachte das Grundwort.
- ☐ Ich trenne das Wort.
- ☐ Das Fugen-s verweist auf Zusammenschreibung.

6. Der folgende Text enthält fünf Fehlerwörter. Streiche diese durch und schreibe das Wort jeweils richtig darüber. (2,5 P.)

Die Katastrophe ereignete sich bei der Durchführung eines Versuchs unter leitung des stellvertretenden Chefingeneurs. Es sollte der Nachweis einer ausreichende Stromversorgung nach einer Reaktorabschaltung erbracht werden, auch wenn gleichzeitig eine Versorgung durch das äußere Stromnetz total ausfällt. Deshalb hatte die Betriebsmannschaft die Sicherheitssysteme abgeschaltet, um im Bedarffall den Versuch wieder holen zu können.

7. Setze im Text unten die vier fehlenden Zeichen ein. (2 P.)

Dass beim Zustandekommen des Unglücks Betriebsvorschriften verletzt wurden ist Tatsache. Aber in welchem Umfang waren sie dem Personal bekannt Unerfahrenheit und unzureichende Kenntnisse insbesondere im Zusammenhang mit der Leistungsanhebung des Reaktors werden angeführt.

8. Erkläre, was das Grundwort bei zusammengesetzten Wörtern ist? Gib zwei Beispiele und unterstreiche jeweils das Grundwort. (2 P.)

_____

_____

_____

Gesamtpunktzahl: 16 Punkte

© pb-Verlag München • Neue Rechtschreibprüfung 2016 Richtig schreiben/Sprache untersuchen 9. Jahrgangsstufe

DRS	Lösung	

Richtig schreiben – Sprache untersuchen
Test 3 (Blatt 2)

5. Kreuze jeweils die Rechtschreibstrategie an, mit der man das Wort an der markierten Stelle richtig schreiben kann. (1,5 P.)

a. das **S**chlimmste
- ☐ Ich steigere das Wort.
- ☒ Ich beachte das Signalwort.
- ☐ Ich suche die Grundform.

b. Sicherheits**s**ystem
- ☐ Ich beachte das Grundwort.
- ☒ Das Grundwort ist ein Merkwort.
- ☐ Ich trenne das Wort.

c. Betrieb**s**vorschrift
- ☐ Ich beachte das Grundwort.
- ☐ Ich trenne das Wort.
- ☒ Das Fugen-s verweist auf Zusammenschreibung.

6. Der folgende Text enthält fünf Fehlerwörter. Streiche diese durch und schreibe das Wort jeweils richtig darüber. (2,5 P.)

Die Katastrophe ereignete sich bei der Durchführung eines Versuchs unter ~~leitung~~ *Leitung* des stellvertretenden ~~Chefingeneurs~~ *Chefingenieurs*. Es sollte der Nachweis einer ~~ausreichende~~ *ausreichenden* Stromversorgung nach einer Reaktorabschaltung erbracht werden, auch wenn gleichzeitig eine Versorgung durch das äußere Stromnetz total ausfällt. Deshalb hatte die Betriebsmannschaft die Sicherheitssysteme abgeschaltet, um im ~~Bedarffall~~ *Bedarfsfall* den Versuch ~~wieder holen~~ *wiederholen* zu können.

7. Setze im Text unten die vier fehlenden Zeichen ein. (2 P.)

Dass beim Zustandekommen des Unglücks Betriebsvorschriften verletzt wurden**,** ist Tatsache. Aber in welchem Umfang waren sie dem Personal bekannt**?** Unerfahrenheit und unzureichende Kenntnisse**,** insbesondere im Zusammenhang mit der Leistungsanhebung des Reaktors**,** werden angeführt.

8. Erkläre, was das Grundwort bei zusammengesetzten Wörtern ist? Gib zwei Beispiele und unterstreiche jeweils das Grundwort. (2 P.)

Das Grundwort ist der letzte Bestandteil bei zusammengesetzten Wörtern. Es bestimmt die Groß- bzw. Kleinschreibung des gesamten Wortes.

Strom<u>netz</u>, (Kern<u>reaktor</u>); schnee<u>weiß</u>, (stroh<u>dumm</u>)

Gesamtpunktzahl: 16 Punkte

© pb-Verlag München • Neue Rechtschreibprüfung 2016 Richtig schreiben/Sprache untersuchen 9. Jahrgangsstufe

DRS	Name: _____	Datum: _____

Richtig schreiben – Sprache untersuchen
Test 4 (Blatt 1)

1. Mit welcher Rechtschreibstrategie kannst du das Wort an der markierten Stelle richtig schreiben?
Schreibe die entsprechende Strategie auf die Leerzeilen. (2 P.)

a. im **A**llgemeinen   _____

_____

b. **E**uropäische Union   _____

_____

2. Der folgende Text enthält vier Fehlerwörter. Streiche diese durch und schreibe sie richtig darunter. (2 P.)

Im weltweiten Vergleich sehen sich die Mitgliedstaaten der EU einem Bündel neuer Riesiken ausgesetzt. Gleichzeitig verschärft der aufstieg neuer Mächte, allen voran China und Indien, den Internationalen Wettbewerb und vermehrt so potentiel die Chancen, aber auch die Spannungen.

_____   _____

_____   _____

3. Setze im Text unten die drei fehlenden Satzzeichen ein. (1,5 P.)

Nach den letzten bisher größten Erwartungen ihrer Geschichte muss die EU jetzt an der Integration ihrer vielen Mitgliedsstaaten arbeiten was völlig neue Anforderungen stellen wird.

4. Finde die passende deutsche Bedeutung zum Fremdwort. Streiche Falsches durch. (1,5 P.)

manipulieren:	aushändigen	vertauschen	beeinflussen	die Fingernägel pflegen
Entertainer:	Ausbilder	Unterhalter	Behälter	Krankheitserreger
identisch:	persönlich	erklärend	schuldhaft	gleichbedeutend

5. Welcher der drei Sätze ist rechtschriftlich korrekt geschrieben? (1 P.)

☐ Im Verlauf ihrer Geschichte ist mit der heutigen Europäischen Union ein komplexes Gebilde entstanden.

☐ Die Verträge werden erst nach Unterzeichnung durch alle Mitgliedstaaten gültig.

☐ Die Länder der Europäischen Union geben einen Teil ihrer staatlichen Souveränität an diese Orkane ab.

© pb-Verlag München • Neue Rechtschreibprüfung 2016 Richtig schreiben/Sprache untersuchen 9. Jahrgangsstufe

DRS | Lösung

Richtig schreiben – Sprache untersuchen
Test 4 (Blatt 1)

1. Mit welcher Rechtschreibstrategie kannst du das Wort an der markierten Stelle richtig schreiben? Schreibe die entsprechende Strategie auf die Leerzeilen. (2 P.)

    a. im **A**llgemeinen   *Ich beachte das Signalwort „im" (in dem).*

    b. **E**uropäische Union   *Bei Eigennamen schreibt man das Adjektiv groß.*

2. Der folgende Text enthält vier Fehlerwörter. Streiche diese durch und schreibe sie richtig darunter. (2 P.)

Im weltweiten Vergleich sehen sich die Mitgliedstaaten der EU einem Bündel neuer ~~Riesiken~~ ausgesetzt. Gleichzeitig verschärft der ~~aufstieg~~ neuer Mächte, allen voran China und Indien, den ~~Internationalen~~ Wettbewerb und vermehrt so ~~potentiel~~ die Chancen, aber auch die Spannungen.

Risiken   *Aufstieg*

internationalen   *potentiell (potenziell)*

3. Setze im Text unten die drei fehlenden Satzzeichen ein. (1,5 P.)

Nach den letzten, bisher größten Erwartungen ihrer Geschichte, muss die EU jetzt an der Integration ihrer vielen Mitgliedsstaaten arbeiten, was völlig neue Anforderungen stellen wird.

4. Finde die passende deutsche Bedeutung zum Fremdwort. Streiche Falsches durch. (1,5 P.)

manipulieren: ~~aushändigen~~   ~~vertauschen~~   beeinflussen   ~~die Fingernägel pflegen~~

Entertainer: ~~Ausbilder~~   Unterhalter   ~~Behälter~~   ~~Krankheitserreger~~

identisch: ~~persönlich~~   ~~erklärend~~   ~~schuldhaft~~   gleichbedeutend

5. Welcher der drei Sätze ist rechtschriftlich korrekt geschrieben? (1 P.)

☒ Im Verlauf ihrer Geschichte ist mit der heutigen Europäischen Union ein komplexes Gebilde entstanden.

☐ Die Verträge werden erst nach Unterzeichnung durch alle ~~Mittgliedstaaten~~ gültig.

☐ Die Länder der Europäischen Union geben einen Teil ihrer staatlichen Souveränität an diese ~~Orkane~~ ab.

| DRS | Name: _____ | Datum: _____ |

Richtig schreiben – Sprache untersuchen
Test 4 (Blatt 2)

6. Schreibe den Text unten in der richtigen Groß- und Kleinschreibung korrekt ab. (2 P.)

die mischung aus extremer armut, hunger, gewalt und menschlicher verzweiflung zwingt kinder immer wieder zum verlassen ihres elternhauses.

_____

_____

_____

_____

7. Unterstreiche jeweils das **eine** Wort, das sich in seiner Bedeutung am deutlichsten von den anderen drei Wörtern der Reihe abhebt. (2 P.)

a. Pfeil – Bogen – Dolch – Schwert

b. aufsuchen – schlendern – umherstreifen – wandern

c. durchnässt – triefend – feucht – tropfnass

d. ausgedehnt – umfangreich – umfassend – weitläufig

8. Der folgende Text enthält vier Ausdrucksfehler. Streiche sie durch und verbessere sie jeweils in den Zeilen daneben. Der Sinn des Textes darf dabei nicht verändert werden. (2 P.)

Es war ein besonnter Tag, als zwei Wanderer _____

in den Lechtaler Alpen unterwegs waren. Sie _____

verließen einen beschrifteten Weg, um eine _____

Abkürzung zu tätigen. In einer Mulde fiel ihnen _____

etwas Bräunliches vor. _____

9. Setze in die Lücken die jeweils angegebenen Verben in der 1. Vergangenheit (Präteritum) ein, sodass sie korrekte Sätze ergeben. (2 P.)

a. Als man den Leichnam _____ (bergen), weinten zahlreiche Zuschauer.

b. Nachdem der Junge vom Fahrrad gefallen war, _____ (winden) er sich vor Schmerzen am Boden.

c. Kurz unterhalb des Gipfels _____ (setzen) sich der ermattete Wanderer zur Rast auf einen Felsen.

d. Nach Ausbruch der Grippeerkrankung seiner Familienmitglieder _____ (meiden) Johannes den direkten Kontakt zu ihnen.

Gesamtpunktzahl: 16 Punkte

Richtig schreiben – Sprache untersuchen
Test 4 (Blatt 2)

6. Schreibe den Text unten in der richtigen Groß- und Kleinschreibung korrekt ab. (2 P.)

die mischung aus extremer armut, hunger, gewalt und menschlicher verzweiflung zwingt kinder immer wieder zum verlassen ihres elternhauses.

Die Mischung aus extremer Armut, Hunger, Gewalt und menschlicher Verzweiflung zwingt Kinder immer wieder zum Verlassen ihres Elternhauses.

7. Unterstreiche jeweils das **eine** Wort, das sich in seiner Bedeutung am deutlichsten von den anderen drei Wörtern der Reihe abhebt. (2 P.)

a. Pfeil – ~~Bogen~~ – Dolch – Schwert

b. ~~aufsuchen~~ – schlendern – umherstreifen – wandern

c. durchnässt – triefend – ~~feucht~~ – tropfnass

d. ausgedehnt – umfangreich – ~~umfassend~~ – weitläufig

8. Der folgende Text enthält vier Ausdrucksfehler. Streiche sie durch und verbessere sie jeweils in den Zeilen daneben. Der Sinn des Textes darf dabei nicht verändert werden. (2 P.)

Es war ein ~~besonnter~~ Tag, als zwei Wanderer — *sonniger (sonnenreicher)*

in den Lechtaler Alpen unterwegs waren. Sie — *beschilderten (markierten, gekennzeichneten)*

verließen einen ~~beschrifteten~~ Weg, um eine — *nehmen (nutzen, gehen; auch: um abzukürzen)*

Abkürzung zu ~~tätigen.~~ In einer Mulde ~~fiel ihnen~~ — *fiel ihnen ... auf (entdeckten, sahen, erblickten,*

etwas Bräunliches ~~vor.~~ — *bemerkten, erkannten sie)*

9. Setze in die Lücken die jeweils angegebenen Verben in der 1. Vergangenheit (Präteritum) ein, sodass sie korrekte Sätze ergeben. (2 P.)

a. Als man den Leichnam ____*barg*____ (bergen), weinten zahlreiche Zuschauer.

b. Nachdem der Junge vom Fahrrad gefallen war, ____*wand*____ (winden) er sich vor Schmerzen am Boden.

c. Kurz unterhalb des Gipfels ____*setzte*____ (setzen) sich der ermattete Wanderer zur Rast auf einen Felsen.

d. Nach Ausbruch der Grippeerkrankung seiner Familienmitglieder ____*mied*____ (meiden) Johannes den direkten Kontakt zu ihnen.

Gesamtpunktzahl: 16 Punkte

| DRS | Name: _____ | Datum: _____ |

Richtig schreiben – Sprache untersuchen
Test 5 (Blatt 1)

1. Mit welcher Rechtschreibstrategie kann man das Wort an der gekennzeichneten Stelle richtig schreiben? Kreuze an. (1,5 P.)

a. **k**lassisch

☐ Ich suche das Grundwort.
☐ Ich trenne das Wort.
☐ Ich beachte die Nachsilbe.

b. Bemü**h**ung

☐ Ich beachte die Vorsilbe.
☐ Ich bilde die Mehrzahl.
☐ Ich spreche silbenweise mit.

c. Tau**b**heit

☐ Ich beachte die Nachsilbe.
☐ Ich muss mir das Wort merken.
☐ Ich trenne das Wort.

2. Der folgende Text enthält vier Fehlerwörter. Streiche diese durch und schreibe das Wort jeweils korrekt darüber. (2 P.)

In Wien fand Beethoven für sein künstlerisches Schaffen ideale Bedingungen. Zielbewußt widmete er sich hier seiner weiteren musikalischen Ausbildung. 1795 spielte er als Pianist Öffentlich am Burgteater. Als Komponist brachte er 1800 seine erste Sinfonie in C-Dur zur Uh, aufführung.

3. Setze im Text unten die fünf fehlenden Satzzeichen ein. (2,5 P.)

Vater Johann Beethoven aus Flamen stammend und Tenor in der Bonner Hofkapelle wollte Ludwig den ältesten seiner drei Söhne zu einem musikalischen Wunderkind machen wie Mozart es war.

4. Schreibe den Text unten richtig auf. Jeder Fehler ergibt einen halben Punkt Abzug. (2 P.)

Ab1815wurdeesstillerumbeethoven.seinenunfastvollständigetaubheitmachteihnzunehmend misstrauischerundfürdieaußenweltunzugänglicher.erkonntesichnurnochmithilfevonschriftlichenauf-zeichnungenverständigen.

_____

_____

_____

_____

Richtig schreiben – Sprache untersuchen
Test 5 (Blatt 1)

1. Mit welcher Rechtschreibstrategie kann man das Wort an der gekennzeichneten Stelle richtig schreiben? Kreuze an. (1,5 P.)

a. **k**lassisch
☐ Ich suche das Grundwort.
☐ Ich trenne das Wort.
☒ Ich beachte die Nachsilbe.

b. Bem**üh**ung
☐ Ich beachte die Vorsilbe.
☐ Ich bilde die Mehrzahl.
☒ Ich spreche silbenweise mit.

c. Tau**b**heit
☐ Ich beachte die Nachsilbe.
☐ Ich muss mir das Wort merken.
☒ Ich trenne das Wort.

2. Der folgende Text enthält vier Fehlerwörter. Streiche diese durch und schreibe das Wort jeweils korrekt darüber. (2 P.)

In Wien fand Beethoven für sein künstlerisches Schaffen ideale Bedingungen. ~~Zielbewußt~~ *Zielbewusst* widmete er sich hier seiner weiteren musikalischen Ausbildung. 1795 spielte er als Pianist ~~Öffentlich~~ *öffentlich* am ~~Burgteater~~ *Burgtheater*. Als Komponist brachte er 1800 seine erste Sinfonie in C-Dur zur ~~Uhraufführung~~ *Uraufführung*.

3. Setze im Text unten die fehlenden Satzzeichen ein. (2,5 P.)

Vater Johann Beethoven, aus Flamen stammend und Tenor in der Bonner Hofkapelle, wollte Ludwig, den ältesten seiner drei Söhne, zu einem musikalischen Wunderkind machen, wie Mozart es war.

4. Schreibe den Text unten richtig auf. Jeder Fehler ergibt einen halben Punkt Abzug. (2 P.)

Ab1815wurdeesstillerumbeethoven.seinenunfastvollständigetaubheitmachteihnzunehmend misstrauischerundfürdieaußenweltunzugänglicher.erkonntesichnurnochmithilfevonschriftlichenauf-zeichnungenverständigen.

Ab 1815 wurde es stiller um Beethoven. Seine nun fast vollständige Taubheit machte ihn zunehmend misstrauischer und für die Außenwelt unzugänglicher. Er konnte sich nur noch mithilfe von schriftlichen Aufzeichnungen verständigen.

DRS	Name: _____	Datum: _____

Richtig schreiben – Sprache untersuchen
Test 5 (Blatt 2)

5. Ordne das Fremdwort der passenden deutschen Bedeutung zu. Verbinde richtig. (2 P.)

Symptom   •   • Niedergeschlagenheit

Depression •   • Bestimmung einer Krankheit

Melancholie •   • Anzeichen einer Krankheit

Diagnose   •   • Schwermut, Trübsinn

6. Ersetze die fett gedruckten bildlichen Ausdrücke durch passende sachliche Ausdrücke. Der Sinn der Aussage darf dabei nicht verändert werden. (2 P.)

a. Wenn ausländische Politiker ihre Vermutungen zur gegenwärtigen Finanzkrise äußern, **haben** einige deutsche Politiker offensichtlich **Scheuklappen auf.**

   Andere Meinungen wollen einige deutsche Politiker _____

b. Dem Kämpfer gelang es bis zuletzt, seine Gegner **in Schach zu halten.**

   Der Kämpfer konnte bis zuletzt seine Gegner _____

c. Wie immer **traf** mein Lehrer mit seinen Vermutungen **ins Schwarze.**

   Die Vermutungen meines Lehrers _____

d. Durch meine Äußerungen bin ich wieder einmal bei meinem Lehrer **ins Fettnäpfchen getreten.**

   Ich habe meinen Lehrer durch meine Äußerungen _____

7. Der folgende Text enthält vier Ausdrucksfehler. Streiche sie durch und verbessere sie jeweils in den Zeilen daneben. Der Sinn des Textes darf dabei nicht verändert werden. (2 P.)

Beim Näherkommen musste der Mann mit Er-   _____

schrecknis feststellen, dass er eine menschliche   _____

Leiche bedeckt hatte. Nur die Fußspitze streckte   _____

aus der Erde, das Gesicht war nicht ersichtlich.   _____

8. Wandle die folgenden Sätze vom Aktiv ins Passiv bzw. vom Passiv ins Aktiv um. Achte darauf, nichts wegzulassen und in der vorgegebenen Zeitstufe zu bleiben. (2 P.)

a. Der Verzehr mitgebrachter Speisen ist vom Wirt strengstens untersagt worden.

_____

b. Diese Blockhütte errichteten Mitglieder der Alpenfreunde im Jahre 1956.

_____

Gesamtpunktzahl: 16 Punkte

DRS	Lösung	

Richtig schreiben – Sprache untersuchen
Test 5 (Blatt 2)

5. Ordne das Fremdwort der passenden deutschen Bedeutung zu. Verbinde richtig. (2 P.)

Symptom • ———————— • Niedergeschlagenheit
Depression • ———————— • Bestimmung einer Krankheit
Melancholie • ———————— • Anzeichen einer Krankheit
Diagnose • ———————— • Schwermut, Trübsinn

6. Ersetze die fett gedruckten bildlichen Ausdrücke durch passende sachliche Ausdrücke. Der Sinn der Aussage darf dabei nicht verändert werden. (2 P.)

a. Wenn ausländische Politiker ihre Vermutungen zur gegenwärtigen Finanzkrise äußern, **haben** einige deutsche Politiker offensichtlich **Scheuklappen auf.**

Andere Meinungen wollen einige deutsche Politiker _nicht hören (akzeptieren, tolerieren)_

b. Dem Kämpfer gelang es bis zuletzt, seine Gegner **in Schach zu halten.**

Der Kämpfer konnte bis zuletzt seine Gegner _kontrollieren (abwehren, aufhalten)_

c. Wie immer **traf** mein Lehrer mit seinen Vermutungen **ins Schwarze.**

Die Vermutungen meines Lehrers _trafen komplett zu (waren richtig, stimmten, bestätigten sich)_

d. Durch meine Äußerungen bin ich wieder einmal bei meinem Lehrer **ins Fettnäpfchen getreten.**

Ich habe meinen Lehrer durch meine Äußerungen _beleidigt (gekränkt, wütend gemacht)_

7. Der folgende Text enthält vier Ausdrucksfehler. Streiche sie durch und verbessere sie jeweils in den Zeilen daneben. Der Sinn des Textes darf dabei nicht verändert werden. (2 P.)

Beim Näherkommen musste der Mann mit Er-   _Erschrecken (Entsetzen, Schrecken)_

~~schrecknis~~ feststellen, dass er eine menschliche   _entdeckt_

Leiche ~~bedeckt~~ hatte. Nur die Fußspitze ~~streckte~~   _ragte (schaute, spitzelte)_

aus der Erde, das Gesicht war nicht ~~ersichtlich~~.   _sichtbar (erkennbar, zu sehen/erkennen)_

8. Wandle die folgenden Sätze vom Aktiv ins Passiv bzw. vom Passiv ins Aktiv um. Achte darauf, nichts wegzulassen und in der vorgegebenen Zeitstufe zu bleiben. (2 P.)

a. Der Verzehr mitgebrachter Speisen ist vom Wirt strengstens untersagt worden.

Der Wirt hat den Verzehr mitgebrachter Speisen strengstens untersagt.

b. Diese Blockhütte errichteten Mitglieder der Alpenfreunde im Jahre 1956.

Diese Blockhütte wurde von Mitgliedern der Alpenfreunde im Jahre 1956 errichtet.

Gesamtpunktzahl: 16 Punkte

DRS	Name: _____	Datum: _____

Richtig schreiben – Sprache untersuchen
Test 6 (Blatt 1)

1. Mit welcher Rechtschreibstrategie kannst du das Wort an der markierten Stelle richtig schreiben? Schreibe die entsprechende Strategie auf die Leerzeilen. (1 P.)

a. Pro**ph**et

_____

_____

b. **O**ffenbarung

_____

2. Der folgende Text enthält vier Fehlerwörter. Streiche diese durch und schreibe sie richtig darunter. (2 P.)

Der Islam ist eine unniverselle Religion, d. h. seine Glaubensaussage wendet sich an alle Völker und erstreckt sich auf alle Lebensbereiche. „Allah" bedeutet auf arabisch einfach „Gott", und der Koran betont immer wieder, das es nur einen Gott gibt. Das zentrale Heiligtum des Islam ist die Kaaba, die sich in der Mitte der großen Mosche von Mekka befindet.

_____   _____

_____   _____

3. Setze im Text unten die fehlenden Zeichen ein. (2 P.)

Das Wort „Islam" bedeutet Ergebung in den Willen Gottes. In dieser Haltung soll der Gläubige dem Vorbild Abrahams folgen welcher in Mekka wo er die Kaaba stiftete ein wichtiges Gebet sprach das die Gemeinschaft der Muslime manifestierte.

4. Zu welchem Verb gibt es kein Nomen? Schreibe es jeweils rechts auf die Zeile. (1 P.)

offenbaren – bezeichnen – bewirken – stiften   _____

berechnen – empfangen – befinden – vormachen   _____

5. Trenne folgende Wörter. (2 P.)

Zuckerfest _____   Süßigkeiten _____

Fastenzeit _____   Offenbarungen _____

Richtig schreiben – Sprache untersuchen
Test 6 (Blatt 1)

1. Mit welcher Rechtschreibstrategie kannst du das Wort an der markierten Stelle richtig schreiben? Schreibe die entsprechende Strategie auf die Leerzeilen. (1 P.)

a. Pro**ph**et

Es handelt sich um ein Merkwort.

b. **O**ffenbarung

Ich beachte die Nachsilbe.

2. Der folgende Text enthält vier Fehlerwörter. Streiche diese durch und schreibe sie richtig darunter. (2 P.)

Der Islam ist eine ~~unniverselle~~ Religion, d. h. seine Glaubensaussage wendet sich an alle Völker und erstreckt sich auf alle Lebensbereiche. „Allah" bedeutet auf ~~arabisch~~ einfach „Gott", und der Koran betont immer wieder, ~~das~~ es nur einen Gott gibt. Das zentrale Heiligtum des Islam ist die Kaaba, die sich in der Mitte der großen ~~Mosche~~ von Mekka befindet.

universelle   *Arabisch*

dass   *Moschee*

3. Setze im Text unten die fehlenden Zeichen ein. (2 P.)

Das Wort „Islam" bedeutet Ergebung in den Willen Gottes. In dieser Haltung soll der Gläubige dem Vorbild Abrahams folgen, welcher in Mekka, wo er die Kaaba stiftete, ein wichtiges Gebet sprach, das die Gemeinschaft der Muslime manifestierte.

4. Zu welchem Verb gibt es kein Nomen? Schreibe es jeweils rechts auf die Zeile. (1 P.)

offenbaren – bezeichnen – bewirken – stiften   *bewirken*

berechnen – empfangen – befinden – vormachen   *vormachen*

5. Trenne folgende Wörter. (2 P.)

Zuckerfest *Zu-cker-fest*   Süßigkeiten *Sü-ßig-kei-ten*

Fastenzeit *Fas-ten-zeit*   Offenbarungen *Of-fen-ba-run-gen*

DRS	Name: _____	Datum: _____

Richtig schreiben – Sprache untersuchen
Test 6 (Blatt 2)

6. Im Folgenden findest du Sätze aus einem wissenschaftlichen Vortrag in direkter Rede. Vervollständige die Sätze so, dass sie in indirekter Rede stehen. (2 P.)

a. „Eine Wolke entsteht durch Kondensation von Wasserdampf."

Im Vortrag hieß es, eine Wolke _____ durch Kondensation von Wasserdampf.

b. Herr Mey fuhr fort: „Wir haben vielfältige Untersuchungen dazu durchgeführt."

Herr Mey fuhr fort, _____ _____ vielfältige Untersuchungen dazu durchgeführt.

7. Unterstreiche in jedem Satz das unten genannte Satzglied. (2 P.)

a. Umstand des Ortes:
Jedes Jahr im August fährt Familie Steiner mit ihrem Auto an die Nordsee.

b. Objekt im 4. Fall:
Viele Deutsche genießen ihren Sommerurlaub in Griechenland und Italien.

c. Prädikat:
Die meisten Menschen fahren nicht in Urlaub, sondern machen es sich zuhause gemütlich.

d. Subjekt:
Regen fällt vor allem in den Monaten September und Oktober.

8. Im folgenden Text stehen vier umgangssprachliche Formulierungen. Streiche sie durch, schreibe sie unten auf die Zeilen und ersetze sie durch sachliche Ausdrücke. (2 P.)

Forscher kriegen sich in die Haare, wie groß die Gefahr einer neuen Eiszeit ist. Vor rund 115 000 Jahren war die Erdachse – so wie heute – total steil, daher waren die nördlichen Sommer eher kühl, sodass der Schnee nicht völlig wegschmelzen konnte. In den Tropen hingegen war die Sonnenstrahlung krass. Dadurch verdunstete mehr Wasser, die Wolken zogen nach Norden und dort bildete sich voll die Schnee- und Eisdecke.

_____

_____

_____

9. Finde die richtige Bedeutung der unten aufgeführten Fremdwörter heraus. Nur eine Bedeutung ist richtig. Streiche die falschen deutschen Begriffe durch. (2 P.)

Effekt:	Aktien	Widerhall	Wirkung	Wirtschaftlichkeit
Integration:	Eingliederung	Ausgrenzung	Sturzhelm	Unbestechlichkeit
Priorität:	Regel	Einfachheit	Vorstandschaft	Vorrang
revidieren:	überprüfen	zurückhalten	teilen	zurückschauen

Gesamtpunktzahl: 16 Punkte

DRS	Lösung	

Richtig schreiben – Sprache untersuchen
Test 6 (Blatt 2)

6. Im Folgenden findest du Sätze aus einem wissenschaftlichen Vortrag in direkter Rede. Vervollständige die Sätze so, dass sie in indirekter Rede stehen. (2 P.)

a. „Eine Wolke entsteht durch Kondensation von Wasserdampf."

Im Vortrag hieß es, eine Wolke ___*entstehe*___ durch Kondensation von Wasserdampf.

b. Herr Mey fuhr fort: „Wir haben vielfältige Untersuchungen dazu durchgeführt."

Herr Mey fuhr fort, *sie* ___*hätten*___ vielfältige Untersuchungen dazu durchgeführt.

7. Unterstreiche in jedem Satz das unten genannte Satzglied. (2 P.)

a. Umstand des Ortes:

Jedes Jahr im August fährt Familie Steiner mit ihrem Auto <u>an die Nordsee</u>.

b. Objekt im 4. Fall:

Viele Deutsche genießen <u>ihren Sommerurlaub</u> in Griechenland und Italien.

c. Prädikat:

Die meisten Menschen <u>fahren</u> nicht in Urlaub, sondern <u>machen</u> es sich zuhause gemütlich.

d. Subjekt:

<u>Regen</u> fällt vor allem in den Monaten September und Oktober.

8. Im folgenden Text stehen vier umgangssprachliche Formulierungen. Streiche sie durch, schreibe sie unten auf die Zeilen und ersetze sie durch sachliche Ausdrücke. (2 P.)

Forscher ~~kriegen sich in die Haare~~, wie groß die Gefahr einer neuen Eiszeit ist. Vor rund 115 000 Jahren war die Erdachse – so wie heute – ~~total~~ steil, daher waren die nördlichen Sommer eher kühl, sodass der Schnee nicht völlig wegschmelzen konnte. In den Tropen hingegen war die Sonnenstrahlung ~~krass~~. Dadurch verdunstete mehr Wasser, die Wolken zogen nach Norden und dort bildete sich ~~voll die~~ Schnee- und Eisdecke.

• kriegen sich in die Haare: streiten sich (sind sich nicht einig)

• total: sehr (besonders, extrem); • krass: stark (intensiv)

• voll die: eine dicke (mächtige, gewaltige)

9. Finde die richtige Bedeutung der unten aufgeführten Fremdwörter heraus. Nur eine Bedeutung ist richtig. Streiche die falschen deutschen Begriffe durch. (2 P.)

Effekt:	~~Aktien~~	~~Widerhall~~	Wirkung	~~Wirtschaftlichkeit~~
Integration:	Eingliederung	~~Ausgrenzung~~	~~Sturzhelm~~	~~Unbestechlichkeit~~
Priorität:	~~Regel~~	~~Einfachheit~~	~~Vorstandschaft~~	Vorrang
revidieren:	überprüfen	~~zurückhalten~~	~~teilen~~	~~zurückschauen~~

Gesamtpunktzahl: 16 Punkte

DRS | Name: _____ | Datum: _____

Richtig schreiben – Sprache untersuchen
Test 7 (Blatt 1)

1. Finde die passende Rechtschreibstrategie heraus, um das Wort an der markierten Stelle richtig schreiben zu können. Kreuze an. (1,5 P.)

a. Erke**nn**tnisse
☐ Ich trenne das Wort.
☐ Ich muss mir das Wort merken.
☐ Ich kann das Wort ableiten.

b. H**y**pothese
☐ Ich muss mir das Wort merken.
☐ Ich trenne das Wort.
☐ Ich bilde den Plural.

c. **k**ulturell
☐ Ich beachte die Nachsilbe.
☐ Ich trenne das Wort.
☐ Ich steigere das Wort.

2. Im Text unten befinden sich sechs Fehler. Streiche die falschen Wörter durch und schreibe diese richtig darunter. (3 P.)

Unter dem Druck einer gnadenlosen Eiszeitlichen Umwelt hatte sich das Neandertaler-Gehirn auf ein gewalltiges Volumen vergrössert. Doch konnten sie die Erkenntnisse, die in diesem zum Teil 1600 Kubickzentimeter großen Denkapparat gespeichert waren, genauso effizient untereinander austauschen und an die Nachkommenschaft weiter geben, wie wir das können? Die Meinungen der Forscher gehen hier teilweise betrechtlich auseinander.

_____   _____

_____   _____

_____   _____

3. Welche Wörter müssen großgeschrieben werden? Verbesser den Text unten. Jeder Fehler gibt einen halben Punkt Abzug. (1,5 P.)

Aus der wölbung des schädels schloss man, der kehlkopf habe bei den neandertalern höher gelegen. der gesamte stimmapparat sei affenähnlicher gewesen, so dass sie nicht das ganze menschliche lautspektrum hervorbringen konnten.

4. Setze die die passenden Wörter unten ein. (1,5 P.)

• Der Neandertaler war erheblich schwerer _____ der Cro-Magnon-Mensch.

• Schimpansen haben dasselbe Gehirnvolumen _____ der Australopithecus afarensis.

• Den _____ Hominiden siehst du in der Abbildung auf der rechten Seite.

© pb-Verlag München • Neue Rechtschreibprüfung 2016 Richtig schreiben/Sprache untersuchen 9. Jahrgangsstufe

DRS	Lösung	

Richtig schreiben – Sprache untersuchen
Test 7 (Blatt 1)

1. Finde die passende Rechtschreibstrategie heraus, um das Wort an der markierten Stelle richtig schreiben zu können. Kreuze an. (1,5 P.)

a. Erke**nn**tnisse
- ☐ Ich trenne das Wort.
- ☐ Ich muss mir das Wort merken.
- ☒ Ich kann das Wort ableiten.

b. H**y**pothese
- ☒ Ich muss mir das Wort merken.
- ☐ Ich trenne das Wort.
- ☐ Ich bilde den Plural.

c. **k**ulturell
- ☒ Ich beachte die Nachsilbe.
- ☐ Ich trenne das Wort.
- ☐ Ich steigere das Wort.

2. Im Text unten befinden sich sechs Fehler. Streiche die falschen Wörter durch und schreiben diese richtig darunter. (3 P.)

Unter dem Druck einer gnadenlosen ~~Eiszeitlichen~~ Umwelt hatte sich das Neandertaler-Gehirn auf ein ~~gewalltiges~~ Volumen ~~vergrössert~~. Doch konnten sie die Erkenntnisse, die in diesem zum Teil 1600 ~~Kubickzentimeter~~ großen Denkapparat gespeichert waren, genauso effizient untereinander austauschen und an die Nachkommenschaft weiter geben, wie wir das können? Die Meinungen der Forscher gehen hier teilweise ~~betrechtlich~~ auseinander.

eiszeitliches   *gewaltiges*

vergrößert   *Kubikzentimeter*

weitergeben   *beträchtlich*

3. Welche Wörter müssen großgeschrieben werden? Verbesser den Text unten. Jeder Fehler gibt einen halben Punkt Abzug. (1,5 P.)

Aus der *W*wölbung des *S*schädels schloss man, der *K*kehlkopf habe bei den *N*neandertalern höher gelegen. *D*der gesamte *S*stimmapparat sei affenähnlicher gewesen, so dass sie nicht das ganze menschliche *L*lautspektrum hervorbringen konnten.

4. Setze die die passenden Wörter unten ein. (1,5 P.)

• Der Neandertaler war erheblich schwerer ___*als*___ der Cro-Magnon-Mensch.

• Schimpansen haben dasselbe Gehirnvolumen ___*wie*___ der Australopithecus afarensis.

• Den ___*ältesten*___ Hominiden siehst du in der Abbildung auf der rechten Seite.

DRS Name: _____   Datum: _____

Richtig schreiben – Sprache untersuchen
Test 7 (Blatt 2)

5. Setze die in Klammern angegebenen Begriffe vollständig in die Lücken ein. Achte dabei auf die korrekten Endungen der Fälle. (2 P.)

Der Australopithecus afarensis lebte rund vier Millionen Jahren vor _____

(unsere Zeit) in Afrika und ist in _____ (fossile Funde) gut belegt. Sein

Gehirnvolumen war kaum größer als das _____ (ein Menschenaffe), aber er konnte schon aufrecht gehen. Der aufrechte Gang wurde zum ersten Wesens-

merkmal _____ (der menschliche Körper).

6. Folgende Wörter gehören jeweils zu einem Wortfeld. Schreibe das eine Wort, das in seiner Bedeutung von den drei anderen deutlich abweicht, rechts auf die Zeile. (2 P.)

a. sehen – spähen – beäugen – erfassen   _____

b. lästern – kreischen – kläffen – schnattern   _____

c. planen – beabsichtigen – denken – berechnen   _____

d. geistreich – listig – raffiniert – ausgefuchst _____

7. Setze in die Lücken die jeweils angegebenen Verben in der 1. Vergangenheit (Präteritum) ein, sodass sich korrekte Sätze ergeben. (2 P.)

Als der Anthropologe Donald Johnson zuerst nur ein seltsames Knochenstück _____

(finden), _____ (stoßen) sein Kollege einen Überraschungsschrei aus. Die beiden Wissen-

schaftler _____ (verlieren) keine Zeit und _____ (rennen) sofort

zur Fundstelle.

8. Antonyme sind Wörter, die zu einem Wort die gegenteilige Bedeutung aufweisen. Bilde das Antonym des jeweils fett gedruckten Wortes, indem du die passende Vorsilbe einsetzt. (2,5 P.)
Beispiel: Ältere Menschen neigen dazu *in***aktiv** zu werden.

a. Die Klasse ist am Englischunterricht eher _____**interessiert**.

b. Manche Menschen verhalten sich in der Öffentlichkeit geradezu _____**sozial**.

c. Ich bin froh, dass mein Lehrer manchmal _____**konsequent** ist.

d. Werden Schüler über längere Zeit nicht gelobt, wirkt das _____**motivierend**.

e. Das neue Shampoo meiner Banknachbarin soll _____**bakteriell** wirken.

Gesamtpunktzahl: 16 Punkte

DRS	Lösung	

Richtig schreiben – Sprache untersuchen
Test 7 (Blatt 2)

5. Setze die in Klammern angegebenen Begriffe vollständig in die Lücken ein. Achte dabei auf die korrekten Endungen der Fälle. (2 P.)

Der Australopithecus afarensis lebte rund vier Millionen Jahren vor ___*unserer Zeit*___ (unsere Zeit) in Afrika und ist in ___*fossilen Funden*___ (fossile Funde) gut belegt. Sein Gehirnvolumen war kaum größer als das ___*eines Menschenaffen*___ (ein Menschenaffe), aber er konnte schon aufrecht gehen. Der aufrechte Gang wurde zum ersten Wesensmerkmal ___*des menschlichen Körpers*___ (der menschliche Körper).

6. Folgende Wörter gehören jeweils zu einem Wortfeld. Schreibe das eine Wort, das in seiner Bedeutung von den drei anderen deutlich abweicht, rechts auf die Zeile. (2 P.)

a. sehen – spähen – beäugen – ~~erfassen~~   *erfassen*

b. ~~lästern~~ – kreischen – kläffen – schnattern   *lästern*

c. planen – beabsichtigen – ~~denken~~ – berechnen   *denken*

d. ~~geistreich~~ – listig – raffiniert – ausgefuchst   *geistreich*

7. Setze in die Lücken die jeweils angegebenen Verben in der 1. Vergangenheit (Präteritum) ein, sodass sich korrekte Sätze ergeben. (2 P.)

Als der Anthropologe Donald Johnson zuerst nur ein seltsames Knochenstück ___*fand*___ (finden), ___*stieß*___ (stoßen) sein Kollege einen Überraschungsschrei aus. Die beiden Wissenschaftler ___*verloren*___ (verlieren) keine Zeit und ___*rannten*___ (rennen) sofort zur Fundstelle.

8. Antonyme sind Wörter, die zu einem Wort die gegenteilige Bedeutung aufweisen. Bilde das Antonym des jeweils fett gedruckten Wortes, indem du die passende Vorsilbe einsetzt. (2,5 P.)
Beispiel: Ältere Menschen neigen dazu *in***aktiv** zu werden.

a. Die Klasse ist am Englischunterricht eher ___*des*___**interessiert**.

b. Manche Menschen verhalten sich in der Öffentlichkeit geradezu ___*a*___**sozial**.

c. Ich bin froh, dass mein Lehrer manchmal ___*in*___**konsequent** ist.

d. Werden Schüler über längere Zeit nicht gelobt, wirkt das ___*de*___**motivierend**.

e. Das neue Shampoo meiner Banknachbarin soll ___*anti*___**bakteriell** wirken.

Gesamtpunktzahl: 16 Punkte

DRS	Name: _____	Datum: _____

Richtig schreiben – Sprache untersuchen
Test 8 (Blatt 1)

1. Kreuze jeweils die Rechtschreibstrategie an, mit der man das Wort an der markierten Stelle richtig schreiben kann. (1 P.)

a. **R**assismus

☐ Ich beachte die Nachsilbe.
☐ Ich suche ein verwandtes Wort.
☐ Ich überprüfe die Wortart.

b. Bürge**rr**echtler

☐ Ich beachte das Grundwort.
☐ Ich überprüfe die Wortart.
☐ Ich trenne das Wort.

2. Der folgende Text enthält vier Fehlerwörter. Streiche diese durch und schreibe das Wort jeweils korrekt darüber. (2 P.)

Im Alter von 14 Jahren gewann Martin Luther King einen Rednerwettbewerb, in dem er sich öffentlich für die Stärckung der USA als Nation einsetzte: „Wir können keine aufgeklarte Demokratie sein, wenn eine große Bevölkerungsgruppe ignoriert wird. Wir können keine starke Nation sein, wenn ein zehntel der Bevölkerung schlecht ernährt und krank durch Bazillen ist, die keinen unterschied zwischen Schwarzen und Weißen machen."

3. Setze im Text unten die fehlenden Satzzeichen ein. (2 P.)

Ein Leitsatz Kings lautete Solange der Geist versklavt ist kann der Körper nie frei sein.

4. Finde im Text oben die drei Wörter mit „ä". Suche jeweils das verwandte Wort, das mit „a" geschrieben wird. Schreibe beide Wörter auf. (1,5 P.)

_____

5. Wie heißen die drei Redensarten, die im Bild dargestellt sind? (1,5 P.)

a. _____

_____

b. _____

_____

c. _____

_____

a.

b.

c.

DRS | Lösung

Richtig schreiben – Sprache untersuchen
Test 8 (Blatt 1)

1. Kreuze jeweils die Rechtschreibstrategie an, mit der man das Wort an der markierten Stelle richtig schreiben kann. (1 P.)

a. **R**assismus   ☒ Ich beachte die Nachsilbe.
   ☐ Ich suche ein verwandtes Wort.
   ☐ Ich überprüfe die Wortart.

b. Bürge**rr**echtler   ☐ Ich beachte das Grundwort.
   ☐ Ich überprüfe die Wortart.
   ☒ Ich trenne das Wort.

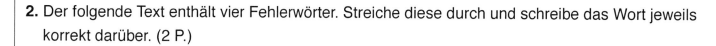

2. Der folgende Text enthält vier Fehlerwörter. Streiche diese durch und schreibe das Wort jeweils korrekt darüber. (2 P.)

Im Alter von 14 Jahren gewann Martin Luther King einen Rednerwettbewerb, in dem er sich öffentlich für die ~~Stärckung~~ *Stärkung* der USA als Nation einsetzte: „Wir können keine aufgeklärte Demokratie sein,
wenn eine große Bevölkerungsgruppe ~~ignorriert~~ *ignoriert* wird. Wir können keine starke Nation sein, wenn
ein ~~zehntel~~ *Zehntel* der Bevölkerung schlecht ernährt und krank durch Bazillen ist, die keinen ~~unterschied~~ *Unterschied*
zwischen Schwarzen und Weißen machen."

3. Setze im Text unten die fehlenden Satzzeichen ein. (2 P.)

Ein Leitsatz Kings lautete**:** „Solange der Geist versklavt ist**,** kann der Körper nie frei sein. "

4. Finde im Text oben die drei Wörter mit „ä". Suche jeweils das verwandte Wort, das mit „a" geschrieben wird. Schreibe beide Wörter auf. (1,5 P.)

Stärkung - stark; aufgeklärt - klar; ernährt - Nahrung

5. Wie heißen die drei Redensarten, die im Bild dargestellt sind? (1,5 P.)

a. *ein Brett vor dem Kopf haben*

b. *jemandem den Kopf waschen*

c. *auf glühenden Kohlen sitzen*

a.   b.   c.

DRS	Name: _____	Datum: _____	

Richtig schreiben – Sprache untersuchen
Test 8 (Blatt 2)

6. Ersetze die unterstrichenen Ausdrücke durch jeweils ein Wort aus derselben Wortfamilie. Der Sinn der Aussage darf dadurch nicht verändert werden. (2 P.)

Beispiel: Er hat ständig <u>Angst</u> davor, dass etwas Schlimmes passiert.

Er ist also ein ***ängstlicher*** Mensch.

a. Jedes Mal, wenn ein Handy klingelt, zuckt er vor <u>Schreck</u> zusammen.

Er ist also ein _____ Mensch.

b. Bis man wirklich alle Funktionen moderner Handys beherrscht, kostet es einige <u>Mühe</u>.

Es ist also ein _____ Weg.

c. Manche Jugendliche machen sich keine <u>Sorgen</u> wegen ihrer schlechten Noten.

Die Jugendlichen sind in dieser Hinsicht zu _____.

d. Auch ältere Menschen können den Umgang mit einem Handy <u>lernen</u>.

Der Umgang damit ist also _____.

7. Homonyme sind gleich klingende Wörter mit unterschiedlicher Bedeutung. Schreibe jeweils einen Satz, mit dem zu zeigen kannst, dass du eine weitere Bedeutung der unterstrichenen Homonyme kennst. (3 P.)

Beispiel: Dein Telefon klingelt sehr <u>laut</u>.

Laut Aussage der Polizei bist du zu schnell gefahren.

a. Der <u>Strauß</u> lebt nur noch in Afrika südlich der Sahara.

_____

b. Ob ein Handy Zusatzfunktionen hat, spielt für viele Käufer ein wichtige <u>Rolle</u>.

_____

c. Alte Telefone hatten noch einen <u>Hörer</u>, der abgenommen werden musste.

_____

8. Suche einen Ausdruck, der im jeweiligen Satz das **Gegenteil** des unterstrichenen Wortes bedeutet. Schreibe ihn auf die Zeilen rechts. (3 P.)

a. Die <u>Großzügigkeit</u> des Präsidenten war allgemein bekannt. _____

b. Manche Wissenschaftler <u>behaupten</u>, dass Rassenkonflikte _____

immer weniger werden. _____

c. Die schwarze Bevölkerung wird noch heute <u>häufig</u> diskримiert. _____

Gesamtpunktzahl: 16 Punkte

DRS | Lösung

Richtig schreiben – Sprache untersuchen
Test 8 (Blatt 2)

6. Ersetze die unterstrichenen Ausdrücke durch jeweils ein Wort aus derselben Wortfamilie. Der Sinn der Aussage darf dadurch nicht verändert werden. (2 P.)

Beispiel: Er hat ständig <u>Angst</u> davor, dass etwas Schlimmes passiert.

Er ist also ein ***ängstlicher*** Mensch.

a. Jedes Mal, wenn ein Handy klingelt, zuckt er vor <u>Schreck</u> zusammen.

Er ist also ein _____*schreckhafter*_____ Mensch.

b. Bis man wirklich alle Funktionen moderner Handys beherrscht, kostet es einige <u>Mühe</u>.

Es ist also ein _____*mühsamer*_____ Weg.

c. Manche Jugendliche machen sich keine <u>Sorgen</u> wegen ihrer schlechten Noten.

Die Jugendlichen sind in dieser Hinsicht zu _____*sorglos*_____.

d. Auch ältere Menschen können den Umgang mit einem Handy <u>lernen</u>.

Der Umgang damit ist also _____*lernbar*_____.

7. Homonyme sind gleich klingende Wörter mit unterschiedlicher Bedeutung. Schreibe jeweils einen Satz, mit dem zu zeigen kannst, dass du eine weitere Bedeutung der unterstrichenen Homonyme kennst. (3 P.)

Beispiel: Dein Telefon klingelt sehr <u>laut</u>.

Laut Aussage der Polizei bist du zu schnell gefahren.

a. Der <u>Strauß</u> lebt nur noch in Afrika südlich der Sahara.

Ich pflückte auf der Wiese einen Strauß Blumen.

b. Ob ein Handy Zusatzfunktionen hat, spielt für viele Käufer ein wichtige <u>Rolle</u>.

Ich kann inzwischen sogar eine Rolle rückwärts. (Schauspieler/Gebrauchsgegenstand)

c. Alte Telefone hatten noch einen <u>Hörer</u>, der abgenommen werden musste.

Aufmerksam lauschten die Hörer dem beeindruckenden Klavierspiel.

8. Suche einen Ausdruck, der im jeweiligen Satz das **Gegenteil** des unterstrichenen Wortes bedeutet. Schreibe ihn auf die Zeilen rechts. (3 P.)

a. Die <u>Großzügigkeit</u> des Präsidenten war allgemein bekannt.   *Sparsamkeit (Geiz)*

b. Manche Wissenschaftler <u>behaupten</u>, dass Rassenkonflikte   *bestreiten (bezweifeln, verneinen, schließen aus)*

immer weniger werden.

c. Die schwarze Bevölkerung wird noch heute <u>häufig</u> diskriminiert.   *selten (kaum, nicht oft)*

Gesamtpunktzahl: 16 Punkte

| DRS | Name: _____ | Datum: _____ | |

Richtig schreiben – Sprache untersuchen
Test 9 (Blatt 1)

1. Mit welcher Rechtschreibstrategie kannst du das Wort an der markierten Stelle richtig schreiben? Schreibe die entsprechende Strategie auf die Leerzeilen. (1 P.)

a. ein Dichter des **D**ramatischen

_____

_____

b. **Ur**aufführung

_____

_____

2. Der folgende Text enthält vier Fehlerwörter. Streiche diese durch und schreibe sie richtig darunter. (2 P.)

Bei allen historischen Werken ging es Schiller um das Schiksal des einzelnen herausragenden Menschen, der sich – zwischen Pflicht und Neigung schwankend – die Freiheit der Sittlichen Entscheidung erkämpft. Schillers persönliche Integrität, sein Glaube an die moralische Kraft des Menschen und an die Einheit des Wahren und Schönen machten in zur klassischen Figur des Idealismuss.

_____   _____

_____   _____

3. Setze im Text unten die drei fehlenden Satzzeichen ein. (1,5 P.)

Das Drama „Die Räuber" machte Schiller schlagartig bekannt. Von dem strengen Herzog der sich in einigen Passagen persönlich angegriffen sah mit Arrest und Schreibverbot belegt floh Schiller 1782 nach Mannheim.

4. Setze die passenden Konjunktionen ein. (1,5 P.)

• Schiller ist ein berühmter Dichter, _____ Goethe ist noch berühmter als er.

• _____ Schiller als der bedeutendste deutsche Dramatiker gilt, war er auch als Lyriker

sehr erfolgreich, _____ seine berühmten Balladen beweisen.

5. Kreuze den rechtschriftlich korrekt geschriebenen Satz an. (1 P.)

☐ Schillers letztes Lebensjahrzehnt war angefüllt mit den Höhepunkten seines schaffens.

☐ Besonders die Freundschaft zu Goethe wird Schiller die kommenden Jahre beschäftigen und ungemein inspirieren.

☐ Mit nur 46 Jahren stirbt Schiller im Jahre 1805 in Weimar an einer Lungenenzündung.

DRS	Lösung

Richtig schreiben – Sprache untersuchen
Test 9 (Blatt 1)

1. Mit welcher Rechtschreibstrategie kannst du das Wort an der markierten Stelle richtig schreiben? Schreibe die entsprechende Strategie auf die Leerzeilen. (1 P.)

   a. ein Dichter des **D**ramatischen

   Ich beachte das Signalwort. Es ist der Artikel „des".

   b. **Ur**aufführung

   Ich beachte die Vorsilbe (ur ≠ Uhr). Sie wird in Verbindung mit

   einem früheren Ereignis gebracht.

2. Der folgende Text enthält vier Fehlerwörter. Streiche diese durch und schreibe sie richtig darunter. (2 P.)

Bei allen historischen Werken ging es Schiller um das ~~Schiksal~~ des einzelnen herausragenden Menschen, der sich – zwischen Pflicht und Neigung schwankend – die Freiheit der ~~Sittlichen~~ Entscheidung erkämpft. Schillers persönliche Integrität, sein Glaube an die moralische Kraft des Menschen und an die Einheit des Wahren und Schönen machten ~~in~~ zur klassischen Figur des ~~Idealismuss~~.

Schicksal	*sittlichen*
ihn	*Idealismus*

3. Setze im Text unten die drei fehlenden Satzzeichen ein. (1,5 P.)

Das Drama „Die Räuber" machte Schiller schlagartig bekannt. Von dem strengen Herzog, der sich in einigen Passagen persönlich angegriffen sah, mit Arrest und Schreibverbot belegt, floh Schiller 1782 nach Mannheim.

4. Setze die passenden Konjunktionen ein. (1,5 P.)

• Schiller ist ein berühmter Dichter, ____*aber*____ Goethe ist noch berühmter als er.

• ____*Obwohl*____ Schiller als der bedeutendste deutsche Dramatiker gilt, war er auch als Lyriker

sehr erfolgreich, ____*was*____ seine berühmten Balladen beweisen.

5. Kreuze den rechtschriftlich korrekt geschriebenen Satz an. (1 P.)

☐ Schillers letztes Lebensjahrzehnt war angefüllt mit den Höhepunkten seines ~~schaffens~~.

☒ Besonders die Freundschaft zu Goethe wird Schiller die kommenden Jahre beschäftigen und ungemein inspirieren.

☐ Mit nur 46 Jahren stirbt Schiller im Jahre 1805 in Weimar an einer ~~Lungenenzündung~~.

DRS	Name: _____	Datum: _____

Richtig schreiben – Sprache untersuchen
Test 9 (Blatt 2)

6. Finde die richtige Bedeutung der unten aufgeführten Fremdwörter heraus. Nur eine Bedeutung ist richtig. Streiche die falschen deutschen Begriffe durch. (2 P.)

Kompetenz:	Ausgleich	Ergänzung	Fähigkeit	Rechtsstreit
Prestige:	Ansehen	Genauigkeit	Schmuckstück	Zwang
pedantisch:	unbeschwert	kleinlich	laienhaft	überheblich
Laie:	Diener	Fachmann	Mönch	Nichtfachmann

7. Bestimme bei den unterstrichenen Wörtern aus dem Satz unten die jeweilige **Wortart**. (2,5 P.)

Schließlich verlässt Schiller 1799 Jena und zieht mit Frau und Kindern nach Weimar, um den dichterischen Austausch mit Goethe zu vertiefen.

a. verlässt: _____

b. und: _____

c. nach: _____

d. dichterischen: _____

e. Goethe: _____

8. Suche im folgenden Satz je ein Beispiel für die angegebenen **Satzglieder**. Schreibe sie vollständig in die passende Zeile daneben. (3 P.)

Im Jahr 1787 geht Schiller nach Weimar, wo er Humboldt kennenlernt und erstmals Goethe begegnet.

a. Subjekt: _____

b. Prädikat: _____

c. Akkusativobjekt: _____

d. Dativobjekt: _____

e. Umstand der Zeit: _____

f. Umstand des Orts: _____

9. Was bedeuten folgende Redensarten? Erkläre kurz. (1,5 P.)

a. „sie redet wie ein Buch" _____

b. „es liegt ihm auf der Zunge" _____

c. „er hat etwas läuten hören" _____

Gesamtpunktzahl: 16 Punkte

DRS	Lösung

Richtig schreiben – Sprache untersuchen
Test 9 (Blatt 2)

6. Finde die richtige Bedeutung der unten aufgeführten Fremdwörter heraus. Nur eine Bedeutung ist richtig. Streiche die falschen deutschen Begriffe durch. (2 P.)

Kompetenz: ~~Ausgleich~~   ~~Ergänzung~~   Fähigkeit   ~~Rechtsstreit~~

Prestige: Ansehen   ~~Genauigkeit~~   ~~Schmuckstück~~   ~~Zwang~~

pedantisch: ~~unbeschwert~~   kleinlich   ~~laienhaft~~   ~~überheblich~~

Laie: ~~Diener~~   ~~Fachmann~~   ~~Mönch~~   Nichtfachmann

7. Bestimme bei den unterstrichenen Wörtern aus dem Satz unten die jeweilige **Wortart**. (2,5 P.)

Schließlich <u>verlässt</u> Schiller 1799 Jena <u>und</u> zieht mit Frau und Kindern nach Weimar, um den <u>dichterischen</u> Austausch mit <u>Goethe</u> zu vertiefen.

a. verlässt: *Zeitwort (Tunwort, Verb)*

b. und: *Bindewort (Konjunktion)*

c. nach: *Verhältniswort (Präposition)*

d. dichterischen: *Eigenschaftswort (Adjektiv)*

e. Goethe: *Namenwort (Nomen, Substantiv)*

8. Suche im folgenden Satz je ein Beispiel für die angegebenen **Satzglieder**. Schreibe sie vollständig in die passende Zeile daneben. (3 P.)

Im Jahr 1787 geht Schiller nach Weimar, wo er Humboldt kennenlernt und erstmals Goethe begegnet.

a. Subjekt: *Schiller/er*

b. Prädikat: *geht/kennenlernt/begegnet*

c. Akkusativobjekt: *Humboldt*

d. Dativobjekt: *Goethe*

e. Umstand der Zeit: *Im Jahr 1787/erstmals*

f. Umstand des Orts: *nach Weimar*

9. Was bedeuten folgende Redensarten? Erkläre kurz. (1,5 P.)

a. „sie redet wie ein Buch"   *Sie redet ohne Unterlass (ständig, immerzu).*

b. „es liegt ihm auf der Zunge"   *Es fällt ihm in diesem Augenblick nichts ein.*

c. „er hat etwas läuten hören"   *Er hat durch Andeutungen etwas erfahren.*

Gesamtpunktzahl: 16 Punkte

DRS	Name: _____	Datum: _____	

Richtig schreiben – Sprache untersuchen
Test 10 (Blatt 1)

1. Im Text befinden sich sechs falsch geschriebene Wörter. Schreibe sie richtig auf. (3 P.)

Tauchgondel lockt mit Unterwasserwelt

In der ersten Juliwoche 2006 begannen die Montaschearbeiten an der Konstruktion. Hunderte Schaulustige Urlauber beobachteten den Aufbau der Konstruktion von der Seebrücke aus. Ein auf dem Ponton befindlicher Krahn sorgte mit einer Spezialeinrichtung zunächst dafür, dass ein Pfeiler zehn Meter tief in den Grund der Ostsee versenkt wurde. Auf diesem wurde dann die eigendliche Konstruktion mit der Tauchgondel angebracht. Mithilfe von Tauchern und Spezialgerät wurden unter Wasser mächtige

Metalbolzen zur Verankerung gebracht. Schließlich wurde die Gondel Millimetergenau über den blauen Pfeiler positioniert. Spannung und letztlich Erleichterung waren allen Beteiligten anzumerken.

_____   _____

_____   _____

_____   _____

2. Wandel den folgenden Satz in die direkte Rede um. (1 P.)

Der Chef des Tourismusbüros in Zinnowitz erklärte, Usedom werde durch diese Tauchgondel um eine Attraktion reicher.

_____

_____

3. Stelle den nachstehenden Satz so um, dass das Verb zum Nomen wird. (1 P.)

Die Tauchgondel sieht aus wie ein futuristisches Gefährt.

_____

_____

4. Setze im nachfolgenden Satz das richtige Wort ein und begründe dessen Schreibweise. (1 P.)

Trotz (widriger / wiedriger) _____ Wetterverhältnisse wurde das Projekt fertig.

_____

_____

5. Finde die beiden grammatikalischen Fehler. Verbessere sie. (2 P.)

Der sicherlich am bekannteste Pionier der Tiefseeforschung war Jacques

Piccard. Mit seinem Tauchboot „Trieste" gelang es ihm 1960 als erster

Mensch, den Marianengraben in 10 916 Metern Tiefe zu erreichen.

DRS | Lösung

Richtig schreiben – Sprache untersuchen
Test 10 (Blatt 1)

1. Im Text befinden sich sechs falsch geschriebene Wörter. Schreibe sie richtig auf. (3 P.)

Tauchgondel lockt mit Unterwasserwelt

In der ersten Juliwoche 2006 begannen die ~~Montaschearbeiten~~
an der Konstruktion. Hunderte ~~Schaulustige~~ Urlauber beobachteten den Aufbau der Konstruktion von der Seebrücke aus. Ein
auf dem Ponton befindlicher ~~Krahn~~ sorgte mit einer Spezialeinrichtung zunächst dafür, dass ein Pfeiler zehn Meter tief in den
Grund der Ostsee versenkt wurde. Auf diesem wurde dann die ~~ei-
gendliche~~ Konstruktion mit der Tauchgondel angebracht. Mithilfe
von Tauchern und Spezialgerät wurden unter Wasser mächtige
~~Metalbolzen~~ zur Verankerung gebracht. Schließlich wurde die Gondel ~~Millimetergenau~~ über den blau-
en Pfeiler positioniert. Spannung und letztlich Erleichterung waren allen Beteiligten anzumerken.

Montagearbeiten	*schaulustige*
Kran	*eigentliche*
Metallbolzen	*millimetergenau*

2. Wandel den folgenden Satz in die direkte Rede um. (1 P.)

Der Chef des Tourismusbüros in Zinnowitz erklärte, Usedom werde durch diese Tauchgondel um
eine Attraktion reicher.

Der Chef des Tourismusbüros in Zinnowitz erklärte: „Usedom wird durch diese Tauchgondel um

eine Attraktion reicher."

3. Stelle den nachstehenden Satz so um, dass das Verb zum Nomen wird. (1 P.)

Die Tauchgondel sieht aus wie ein futuristisches Gefährt.

Das Aussehen der Tauchgondel ähnelt (gleicht) einem futuristischen Gefährt (... kann man mit ...

vergleichen).

4. Setze im nachfolgenden Satz das richtige Wort ein und begründe dessen Schreibweise. (1 P.)

Trotz (widriger/wiedriger) _____*widriger*_____ Wetterverhältnisse wurde das Projekt fertig.

Das Wort „widrig" (ungünstig) leitet sich von dem Wort „wider" (einfaches „i") ab und drückt einen

Gegensatz aus. Es bedeutet soviel wie „gegen", „entgegen", „im Gegensatz/Widerspruch zu".

5. Finde die beiden grammatikalischen Fehler. Verbessere sie. (2 P.)

Der sicherlich ~~am~~ bekannteste Pionier der Tiefseeforschung war Jacques

Piccard. Mit seinem Tauchboot „Trieste" gelang es ihm 1960 als ~~erster~~ *erstem*

Menschen
~~Mensch~~, den Marianengraben in 10 916 Metern Tiefe zu erreichen.

DRS | Name: _____ | Datum: _____

Richtig schreiben – Sprache untersuchen
Test 10 (Blatt 2)

6. Trenne die beiden Wörter korrekt. (1 P.)

Ökosystem _____ Gondelbesatzung _____

7. Bestimme bei den unterstrichenen Wörtern aus dem Satz unten die jeweiligen **Satzglieder**. (2 P.)

Von starken Elektromotoren angetrieben fährt die Gondel an einem stabilen Pfeiler bis zum Meeresboden in knapp fünf Metern Tiefe.

Subjekt: _____

Prädikat: _____

Umstand der Art und Weise: _____

Umstand des Orts: _____

8. Ersetze bei jedem Satz das unterstrichene Fremdwort durch einen deutschen Begriff. Der Sinn des Satzes darf dabei nicht verändert werden. (2 P.)

a. Der Bauplan der Gondel zeigte alle Details, damit der Zusammenbau auch gelingen konnte.

_____

b. Während des Tauchgangs erklärt die Gondelbesatzung die spezielle Lebenswelt der Ostsee.

_____

c. Die Besatzung sensibilisiert die Besucher mit Filmen für das Ökosystem Meer und das Leben seiner Bewohner.

_____

d. Wie die Kontinente ist auch der Meeresgrund durchzogen von Gräben und großen Gebirgen.

_____

9. Setze bei den folgenden Sätzen die in Klammern angegebenen Grundformen der Verben (Infinitive) in die passende **Möglichkeitsform** (Konjunktivform). Achte dabei auf die Zeitstufe. (3 P.)

a. Wenn wir mit unserer Umwelt etwas sorgsamer _____ (umgehen), _____ (sein) auch das Ökosystem Meer weniger gefährdet.

b. Klimaforscher behaupten, der Klimawandel _____ (angekommen), schon seit Jahrzehnten _____ (erwärmen) sich das Meer.

c. Falls nichts dagegen _____ (unternehmen), _____ (müssen) man sich auf einen deutlichen Temperaturanstieg einstellen.

Gesamtpunktzahl: 16 Punkte

DRS	Lösung	

Richtig schreiben – Sprache untersuchen
Test 10 (Blatt 2)

6. Trenne die beiden Wörter korrekt. (1 P.)

Ökosystem *Öko-sys-tem* Gondelbesatzung *Gon-del-be-sat-zung*

7. Bestimme bei den unterstrichenen Wörtern aus dem Satz unten die jeweiligen **Satzglieder**. (2 P.)

Von starken Elektromotoren angetrieben fährt die Gondel an einem stabilen Pfeiler bis zum Meeresboden in knapp fünf Metern Tiefe.

Subjekt: *die Gondel*

Prädikat: *fährt*

Umstand der Art und Weise: *von starken Elektromotoren (angetrieben)*

Umstand des Orts: *bis zum Meeresboden (an einem stabilen Pfeiler)*

8. Ersetze bei jedem Satz das unterstrichene Fremdwort durch einen deutschen Begriff. Der Sinn des Satzes darf dabei nicht verändert werden. (2 P.)

a. Der Bauplan der Gondel zeigte alle Details, damit der Zusammenbau auch gelingen konnte.

Einzelheiten (Bestandteile, Bausteine, Ausschnitte)

b. Während des Tauchgangs erklärt die Gondelbesatzung die spezielle Lebenswelt der Ostsee.

besondere (außergewöhnliche, ausgefallene, ungewöhnliche, originelle)

c. Die Besatzung sensibilisiert die Besucher mit Filmen für das Ökosystem Meer und das Leben seiner Bewohner.

macht empfindlich (schafft das Bewusstsein für etwas)

d. Wie die Kontinente ist auch der Meeresgrund durchzogen von Gräben und großen Gebirgen.

Erdteile (geschlossene Festlandmasse)

9. Setze bei den folgenden Sätzen die in Klammern angegebenen Grundformen der Verben (Infinitive) in die passende **Möglichkeitsform** (Konjunktivform). Achte dabei auf die Zeitstufe. (3 P.)

a. Wenn wir mit unserer Umwelt etwas sorgsamer *umgingen* (umge-hen), *wäre* (sein) auch das Ökosystem Meer weniger gefährdet.

b. Klimaforscher behaupten, der Klimawandel *sei angekommen* (ange-kommen), schon seit Jahrzehnten *erwärme* (erwärmen) sich das Meer.

c. Falls nichts dagegen *unternommen werde* (unternehmen), *müsse* (müssen) man sich auf einen deutlichen Temperaturanstieg einstellen.

Gesamtpunktzahl: 16 Punkte

DRS	Name: _____	Datum: _____	

Richtig schreiben – Sprache untersuchen
Test 11 (Blatt 1)

1. Mit welcher Rechtschreibstrategie kannst du das Wort an der markierten Stelle richtig schreiben? Schreibe die entsprechende Strategie auf die Leerzeilen. (1 P.)

a. Einschr**ä**nkung

_____

_____

b. beispiel**s**weise

_____

_____

2. Der folgende Text enthält vier Fehlerwörter. Streiche diese durch und schreibe sie richtig darunter. (2 P.)

Nach Angaben des Bundesverbandes Musikindustrie, der mit mehr als 350 Labels und Unternehmen nahezu 90 % des Bundesdeutschen Musikmarktes representiert, ging der Umsatz mit Musikprodukten um mehr als 3 % zurück. Positiv entwickelte sich dagegen der diegitale Musikvertrieb: die Zahl der Einzeldauwnloads wuchs um 40 % auf rund 35 Millionen.

_____   _____

_____   _____

3. Setze im Text unten die fehlenden Satzzeichen ein. (2 P.)

Das Hauptproblem der Musikindustrie die Fans interessieren sich weiterhin für Musik sind aber immer weniger bereit dafür zu bezahlen

4. Finde die passende deutsche Bedeutung zum Fremdwort. Streiche Falsches durch. (2 P.)

Aspekt	Abendstern	Bewerbung	Gesichtspunkt	Gesamtschau
Kompetenz	Ausgleich	Fähigkeit	Vielschichtigkeit	höfliche Redensart
identisch	persönlich	erklärend	schuldhaft	gleichbedeutend
deplatziert	unangebracht	erfolglos	übertrieben	bewusstlos

5. Kreuze den rechtschriftlich korrekt geschriebenen Satz an. (1 P.)

☐ Eine Jury oder die Zuschauer per Telefonat entscheiden, wer von den Kandidaten das größte Potential für eine Künstlerkarriere mitbringt.

☐ Musik konkurriert bei den Jugendlichen heute mit DVDs, Computerspielen und Internetnutzung um die begrenzten Finanz- und Freizeitbüdschees.

☐ Durch illegales Herunterladen gehen Künstlern und Plattenfirmen rießige Summen verloren.

DRS	Lösung

Richtig schreiben – Sprache untersuchen
Test 11 (Blatt 1)

1. Mit welcher Rechtschreibstrategie kannst du das Wort an der markierten Stelle richtig schreiben? Schreibe die entsprechende Strategie auf die Leerzeilen. (1 P.)

   a. Einschr**ä**nkung

     Ich suche ein verwandtes Wort mit „a" ➪

     Schranke.

   b. beispiel**s**weise

     Das Fugen-s verweist auf Zusammen-

     schreibung.

2. Der folgende Text enthält vier Fehlerwörter. Streiche diese durch und schreibe sie richtig darunter. (2 P.)

Nach Angaben des Bundesverbandes Musikindustrie, der mit mehr als 350 Labels und Unternehmen nahezu 90 % des ~~Bundesdeutschen~~ Musikmarktes ~~representiert~~, ging der Umsatz mit Musikprodukten um mehr als 3 % zurück. Positiv entwickelte sich dagegen der ~~diegitale~~ Musikvertrieb: die Zahl der ~~Einzeldauwnloads~~ wuchs um 40 % auf rund 35 Millionen.

bundesdeutschen   *repräsentiert*

digitale   *Einzeldownloads*

3. Setze im Text unten die fehlenden Satzzeichen ein. (2 P.)

Das Hauptproblem der Musikindustrie: die Fans interessieren sich weiterhin für Musik, sind aber immer weniger bereit, dafür zu bezahlen.

4. Finde die passende deutsche Bedeutung zum Fremdwort. Streiche Falsches durch. (2 P.)

Aspekt	~~Abendstern~~	~~Bewerbung~~	Gesichtspunkt	~~Gesamtschau~~
Kompetenz	~~Ausgleich~~	Fähigkeit	~~Vielschichtigkeit~~	~~höfliche Redensart~~
identisch	~~persönlich~~	erklärend	schuldhaft	gleichbedeutend
deplatziert	unangebracht	~~erfolglos~~	~~übertrieben~~	~~bewusstlos~~

5. Kreuze den rechtschriftlich korrekt geschriebenen Satz an. (1 P.)

☒ Eine Jury oder die Zuschauer per Telefonat entscheiden, wer von den Kandidaten das größte Potential für eine Künstlerkarriere mitbringt.

☐ Musik konkurriert bei den Jugendlichen heute mit DVDs, Computerspielen und Internetnutzung um die begrenzten Finanz- und ~~Freizeitbüdschees~~.

☐ Durch illegales Herunterladen gehen Künstlern und Plattenfirmen ~~rießige~~ Summen verloren.

DRS	Name: _____	Datum: _____	

Richtig schreiben – Sprache untersuchen
Test 11 (Blatt 2)

6. Kreuze die richtige Bedeutung der folgenden Redensarten an. Es ist jeweils nur **ein** Kreuz zu vergeben. (4 P.)

a. bei Nacht und Nebel
- ☐ wenn es dunkel ist
- ☐ orientierungslos
- ☐ im Spätherbst
- ☐ heimlich und unerwartet

b. vom Regen in die Traufe kommen
- ☐ Die Lage wird immer besser.
- ☐ Die Lage wird immer schlechter.
- ☐ Die Lage ist hoffnungslos, aber nicht ernst.
- ☐ Es gibt für jedes Problem eine Lösung.

c. jemand im Regen stehen lassen
- ☐ jemandem seine hoffnungslose Lage klarmachen
- ☐ jemanden betrügen
- ☐ jemanden mit seinen Problemen allein lassen
- ☐ jemanden vergessen

d. ein Gesicht wie sieben Tage Regenwetter
- ☐ Jemand weint.
- ☐ Jemand ist schlecht gelaunt.
- ☐ Jemand hat ein verschmiertes Make-up.
- ☐ Jemand ist hässlich.

7. Der Text enthält vier unpassende Wörter. Streiche sie durch und finde zu jedem Wort einen besseren Ausdruck. (2 P.)

Der Regen brodelte auf das Dach, sodass die Dach- _____

rinnen bald überschwemmten und sich ein Schub Was- _____

ser auf die Straße ergoss, die am Haus nebenherlief. _____

8. Bilde zusammengesetzte Substantive, die zu den genannten Gewohnheiten passen. Suche dabei zuerst aus dem ersten Kästchen und dann aus dem zweiten Kästchen die passenden Worte heraus und setze sie richtig zusammen. (2 P.)

1. Kästchen:	Einfühlung, Umwelt, Konzentration, Familie, Ordnung, Sieg, Sucht
2. Kästchen:	-bereitschaft, -bewusstsein, -schwäche, -sinn, -verhalten, -vermögen, -wille

a. rauchen, mehr als drei Stunden fernsehen, alle zwei Minuten aufs Handy blicken, nicht ohne Computerspiele sein können _____

b. Haare drehen, auf dem Stuhl schaukeln, Nägel kauen, ständig mit dem Stift oder Radiergummi spielen _____

c. zuhören, sich in andere hineinversetzen, Mitleid haben, Verständnis zeigen _____

d. Müll trennen, Flaschen zum Container bringen, auf das Auto verzichten, Energie sparen _____

Gesamtpunktzahl: 16 Punkte

DRS	Lösung	

Richtig schreiben – Sprache untersuchen
Test 11 (Blatt 2)

6. Kreuze die richtige Bedeutung der folgenden Redensarten an. Es ist jeweils nur **ein** Kreuz zu vergeben. (4 P.)

a. bei Nacht und Nebel
- ☐ wenn es dunkel ist
- ☐ orientierungslos
- ☐ im Spätherbst
- ☒ heimlich und unerwartet

b. vom Regen in die Traufe kommen
- ☐ Die Lage wird immer besser.
- ☒ Die Lage wird immer schlechter.
- ☐ Die Lage ist hoffnungslos, aber nicht ernst.
- ☐ Es gibt für jedes Problem eine Lösung.

c. jemand im Regen stehen lassen
- ☐ jemandem seine hoffnungslose Lage klarmachen
- ☐ jemanden betrügen
- ☒ jemanden mit seinen Problemen allein lassen
- ☐ jemanden vergessen

d. ein Gesicht wie sieben Tage Regenwetter
- ☐ Jemand weint.
- ☒ Jemand ist schlecht gelaunt.
- ☐ Jemand hat ein verschmiertes Make-up.
- ☐ Jemand ist hässlich.

7. Der Text enthält vier unpassende Wörter. Streiche sie durch und finde zu jedem Wort einen besseren Ausdruck. (2 P.)

Der Regen ~~brodelte~~ auf das Dach, sodass die Dach-   *prasselte (trommelte, fiel); überlief (über-*

rinnen bald ~~überschwemmten~~ und sich ein ~~Schub~~ Was-   *quollen); Schwall (eine Menge); vorbeilief*

ser auf die Straße ergoss, die am Haus ~~nebenherlief~~.   *(entlanglief)*

8. Bilde zusammengesetzte Substantive, die zu den genannten Gewohnheiten passen. Suche dabei zuerst aus dem ersten Kästchen und dann aus dem zweiten Kästchen die passenden Worte heraus und setze sie richtig zusammen. (2 P.)

1. Kästchen:	Einfühlung, Umwelt, Konzentration, Familie, Ordnung, Sieg, Sucht
2. Kästchen:	-bereitschaft, -bewusstsein, -schwäche, -sinn, -verhalten, -vermögen, -wille

a. rauchen, mehr als drei Stunden fernsehen, alle zwei Minuten aufs Handy blicken, nicht ohne Computerspiele sein können   *Suchtverhalten*

b. Haare drehen, auf dem Stuhl schaukeln, Nägel kauen, ständig mit dem Stift oder Radiergummi spielen   *Konzentrationsschwäche*

c. zuhören, sich in andere hineinversetzen, Mitleid haben, Verständnis zeigen   *Einfühlungsvermögen*

d. Müll trennen, Flaschen zum Container bringen, auf das Auto verzichten, Energie sparen   *Umweltbewusstsein*

Gesamtpunktzahl: 16 Punkte